JN115305

私の家庭菓子　内田真美

アノニマ・スタジオ

はじめに

　家で作り続けている菓子があります。

　それは、季節に身を置き、自分で選んだ新鮮で質のよい身近な材料を使い、これと決めて作り続けているレシピ。

　家で作るものとは別に、旅先やお気に入りの菓子屋で買う菓子も好物です。その土地に古くから伝わる郷土菓子、パティシエの技術や思想、クリエーション、それらには、家庭菓子とはまた別の楽しみと美味しさがあります。

　だからこそ、家で作る菓子は、家で作るのに相応しいものをと思っています。旅先で出会った、すぐには買えない、その土地の歴史と共にある味わいを思い出して作る菓子。本で出会って妄想しながら作る菓子。自分や家族や友人のお茶の時間に顔がほころぶような菓子。一口目でハッとさせるようなものでなくても、どれもが、いつ食べても心に寄り添うような、ふとした時に思い出すような菓子でいいと思っています。

　季節を通して作る同じケーキ生地でも、一緒に焼きこむ果実が変われば、出来上がりは違う菓子になりますし、季節によって生地の変化がわかるようになります。菓子作りは化学の要素もあるので、初めて作る場合は材料の割合や手順に沿うことがもちろん大事です。そして、繰り返し作り続けることによって、身近になり、自分の日常になじむようになります。

　もし、作ってみて、思ったように出来なくても、美しく仕上げたければ、何度も作り続ければいい。思ったような焼き上がりでなかったとしても、自分や家族、または友人と、その菓子を囲んでゆったりと過ごす時間があり、美味しいと思えればいいと思います。

　ひとまず一種類、気になるものを作り続けてみてください。作り続けた菓子は、あなたの菓子となります。たっぷりの熱いお茶と共に楽しんでいただけますように。

目次

菓子を作る前に

・本書で使用している計量は、1カップ＝200ml、大さじ 1 ＝15ml、小さじ 1 ＝5mlです
・基本の生地の作り方が参考になる菓子には、レシピ右上に「Basic Recipes」該当ページを
　記載しています
・サワークリームは、計量するものはg表記、1 パック使用するものはml表記にしています
・主な材料や道具のことは「材料と道具について」(p.174〜177) をご確認ください
・本書では電気オーブンでの加熱温度、時間の目安を表記しています
・オーブン、電子レンジ、ハンドミキサー、フードプロセッサーなどの調理器具は各メーカー
　の取扱い説明書などを参考にしてください

Spring

スコーンは、家庭ごとにレシピがある英国粉菓子の筆頭ではないでしょうか。
わが家では、スコーンはオーブンから焼きたての状態でお出しするという
ことを不文律としています。スコーンを割った際に、ミルクの香り立つ湯
気で頬を湿らすようにして食してもらいたいのです。

私のレシピのスコーンは、外側はサクッとしつつも内側は水分を内包し、
容易に飲みこむことができるくらいの密度の生地。スコーンのみで成立す
るのではなく、季節のジャムと乳脂肪分が高くも喉越し軽やかな英国流の
クロテッドクリームの土台となるようなバランスにしています。

家庭だからこそ楽しむことができる熱々の焼きたてのスコーンを、お茶をたっ
ぷりと用意して、ぜひ楽しんでいただけたらと思います。

→Basic Recipes p.166-167

スコーン　Scones

材料（直径5.5cmの丸型約10個分）

薄力粉　　400g
ベーキングパウダー　　13g
バター　　120g
（または食塩不使用のバター120gに塩1.5gを入れる）
きび砂糖　30g
無糖ヨーグルト　150g
牛乳　　120g

クリーム：
　クロテッドクリーム　100g
　生クリーム（乳脂肪分45%以上）　150g
　サワークリーム　　50g

　季節のベリージャム（p.172）　適量

下準備
・バターはさいの目に切って、冷蔵庫で冷やしておく
・天板にオーブンシートを敷いておく
・オーブンは180度に温めておく

1　フードプロセッサーに、薄力粉とベーキングパウダーを入れて、数秒撹拌して空気を入れる。冷やしておいたバターを加え、生地の様子を見ながら、手で触って砂状になるまで撹拌する（フードプロセッサーがない場合は、ボウルに薄力粉とベーキングパウダーをふるいながら入れる。冷えたバターを加え、ナイフやスケッパーで刻みながら、粒が小さくなってきたら、砂状になるまで手ですり合わせる）。

2　1にふるったきび砂糖を加え、ざっと撹拌してボウルに移す。

3　別の容器でヨーグルトと牛乳を加えてよく混ぜ、2のボウルに加える。水分を吸っていないさらさらの粉がなくなるまで、フォークで全体を大きく混ぜ合わせる。

4　手でさっくりとひとまとまりにし、打ち粉（分量外）をした台に生地をのせ、表面だけがなめらかになるように、練り過ぎないように気をつけながら練る。

5　めん棒などで、厚さ3cmほどにのばし、粉（分量外）をつけた抜き型で約10個抜く。残りの生地は同じくらいの大きさに手でまとめる。

6　オーブンシートを敷いた天板に並べ、180度に温めておいたオーブンで約20分焼き上げる。

7　ボウルにクロテッドクリームとサワークリームを入れてスプーンなどで軽く混ぜ、生クリームを少しずつ加えてなめらかに混ぜ合わせる。泡立て器に持ち替えて、八分立てに泡立てる。クリームとジャムを添えて、スコーンを食す。

Soymilk Crumpets

世界各国の発酵パンケーキに、長年想いを寄せ続けています。
クランペットは英国の発酵パンケーキの一種で、牛乳を入れた生地をセル
クル型で焼くのがクラシックなレシピです。私は気軽に焼きたくて、型無
しで、そのままフライパンに生地を落として焼いています。また、豆乳で作
るともっちりとした食感になって朝食に最適。それを発見してからは、ク
ランペットは豆乳で作るのが定番になりました。
食す時には、たっぷりのバターが溶けきらないうちにぜひ。英国風にゴー
ルデンシロップ、もしくはお好みでメープルシロップをたっぷりかけて、
お召し上がりください。

豆乳のクランペット Soymilk Crumpets

材料（直径約10cmの丸形4〜5枚分）

薄力粉	150g
きび砂糖	10g
塩	2g
ドライイースト	2g
無調整豆乳	300ml

仕上げ用：
　バター、ゴールデンシロップ、メープルシロップ　適宜好みで

1　ボウルに薄力粉、きび砂糖、塩をふるいながら加え、さらにドライイーストを加えて、全体を泡立て器でさっと混ぜる。そこに30〜40度くらいに温めた豆乳を少しずつ加え、泡立て器でなめらかになるまでよく混ぜ合わせる。

2　混ざったらラップをし、暖かいところ（室温25度くらい）で2時間ほど発酵させる。生地が2倍以上に膨らんでいたら発酵している（ここで膨らんでいなければそのまま1時間追加して発酵を確かめる。また、2時間待たずして2倍以上に膨らんでいたらその時点で発酵している）。

3　フライパンを中火で温める（鉄のフライパンなら1枚目だけ少しのバターを落としペーパータオルで拭き取り、フッ素樹脂加工のフライパンならばそのままでよい）。レードルでひとすくい、フライパンの中央に静かに生地を落とす。中火でゆっくりと焼き、まわりが乾燥し上面に穴があいたら、下の面の焼き色を確認してきつね色になっていたら返し、裏面もきつね色になったら焼き上がり。残りの生地も同様に焼く。

4　皿に盛りつけ、好みでバターやゴールデンシロップやメープルシロップをかけて食す。

ヴィクトリアサンドウィッチケーキ Victoria Sandwich Cake

愛読していた本に掲載されていたケーキで、コッツウォルズ在住夫妻のティータイム
の情景が頭から離れずに作りはじめました。
本来は、ティンという薄い型でバターケーキを2枚焼き、間にラズベリージャムを挟
んだヴィクトリア女王にちなんだ菓子です。
お茶に合うような、しっとりとしつつも口溶けの良い生地にしたくて、ケーキ生地は
粉糖を使ったレシピに。この菓子を家庭で作ると、常温のバター香るケーキ生地、冷た
く粘度があるジャム、冷たいクリームを供する直前に構成してすぐに食すことができ、
この三層の美味しさを存分に楽しめます。

材料（直径18cmの丸型1台分）

バター（食塩不使用）　150g
粉糖　150g
全卵　3個
薄力粉　200g
ベーキングパウダー　5g
牛乳　大さじ3

季節のベリージャム（p.172）　　150g

クリーム：
　生クリーム（乳脂肪分45%以上）　150ml
　サワークリーム　大さじ1

下準備

• バターと卵は常温に戻しておく
• 型にオーブンシートを敷いておく
• オーブンは170度に温めておく

1　ボウルにバターを入れ、ハンドミキサーか泡立て器でクリーム状になるまでよく
撹拌する。粉糖をふるい入れ、ふわっとして白っぽくなるまでさらに撹拌する。溶き
ほぐした卵を少しずつ加え、その都度分離しないように、全体がクリーム状になるま
でよく混ぜ合わせる。

2　1に、薄力粉とベーキングパウダーをふるい入れ、ゴムべらで底から返すように
しながら八分通り混ぜる。ここで牛乳を加え、全体がなめらかなクリーム状になるよう、
つやが出るまでよく混ぜ合わせる。

3　型に生地を流し入れ、上面をならし、型ごと数度落として空気を抜き、170度に温
めたオーブンで50〜60分ほど焼く（途中で上部が焦げそうになったら、アルミホイル
をかぶせる）。竹串をさしてみて、何もついてこなければ焼き上がり。熱いうちに型か
らはずしてオーブンシートを取り、ケーキクーラーなどにのせて冷ます。

4　冷めたら横半分にカットし、上半分をはずす。下部の切り口に生地のフチから
1cmほど空けてジャムを塗る。さらに、生クリームとサワークリームを合わせて八分
立てにしたクリームを、ジャムの上に塗り重ねる。上の部分の切り口を下にしてかぶせ、
上から押して、クリームとジャムがほどよく端までくるようにし、上部に粉糖（分量外）
をふるいかける。

文字通り、蝶々がのっているかのようなバタフライケーキ。
愛読書だった英国各地のお茶と菓子を巡る本に掲載されていた菓子で、
ウェールズのホテルオーナー夫妻のアフタヌーンティーに並んでいるのを
見たのが、最初の出合いでした。
カップケーキの上部を切り取って半分にして蝶の羽のように飾りつけ、くり抜いたところにはジャムとクリーム。本場ではバタークリームの場合も多いようです。カップケーキが、単純な構成でこんなにも可愛らしくなるなんて、と驚きました。私はクリームを絞り出していますが、お好きなジャムとクロテッドクリームか泡立てた生クリームを、スプーンでラフにのせて、羽をのせるだけでも十分です。
ピクニックに持参した時には、飾りつけの可愛さもあって子どもから大人まで歓声が上がりました。お店では買えない、家庭で作るに相応しい菓子のひとつです。

バタフライケーキ Butterfly Cakes

材料 (6個分)

バター(食塩不使用) 100g   好みのベリー系ジャム 適量
きび砂糖 80g
全卵   2個   クリーム:
薄力粉   150g   生クリーム(乳脂肪分45%以上) 100ml
ベーキングパウダー 5 g   サワークリーム 40g
牛乳   大さじ2

下準備

・バターと卵は常温に戻しておく
・カップケーキ型にカップケーキ用の紙を敷いておく
・オーブンは170度に温めておく

1　ボウルにバターを入れ、ハンドミキサーか泡立て器でクリーム状になるまで混ぜ、きび砂糖を加えてベージュ色にふわっとなるまでよく混ぜる。さらに溶きほぐした卵を少しずつ加え、その都度分離しないように、全体がクリーム状になるまでよく混ぜ合わせる。

2　1に薄力粉とベーキングパウダーを合わせてふるい入れ、ゴムべらで底から返すようにして八分通り混ぜ合わせる。そこに牛乳を加えて全体がなめらかなクリーム状になるよう、つやが出るまでよく混ぜ合わせる。

3　準備した型に2の生地を流し入れて上面をならし、170度に温めたオーブンで20分ほど焼く。生地に竹串などをさして、何もついてこなければ焼き上がり。熱いうちに型からはずし、ケーキクーラーなどにのせて冷ます。

4　冷めたカップケーキの上部をナイフで丸くくり抜き、くり抜いた部分を縦半分に切っておく。下部は、ジャムとクリームが入るように、さらに深くくり抜く。

5　氷で冷やしたボウルにサワークリームを入れてスプーンなどでやわらかくしたら、生クリームを少しずつ加え、混ぜ合わせる。泡立て器でやわらかい角が立つまで泡立て、星形の口金をつけた絞り袋に移す。4のカップケーキのくり抜いた部分にジャムを入れ、クリームを絞り出し、半分に切った生地を蝶々の羽のようにのせて、上から粉糖(分量外)をふる。

クラシックキャロットケーキ　Classic Carrot Cake

材料（直径15cmの丸型1台分）

全卵	2個	スパイス類:	
きび砂糖	50g	シナモンパウダー	4g
黒砂糖	40g	ジンジャーパウダー	2g
菜種油	80g	カルダモンパウダー	少々
レーズン	40g		
ローストくるみ	40g	チーズフロスティング:	
薄力粉	150g	クリームチーズ	200g
ベーキングパウダー	4g	粉糖	50g
ベーキングソーダ	2g	サワークリーム	30g
		バター（食塩不使用）	30g
にんじん（粗いすりおろし）	120g	レモン汁	小さじ2

下準備

- 卵、クリームチーズ、バターを常温に戻しておく
- 型にオーブンシートを敷いておく
- オーブンは170度に温めておく

1　ボウルに卵を割り入れてハンドミキサーで軽く溶きほぐし、ふるったきび砂糖と黒砂糖を加える。ハンドミキサーを高速にして、2倍くらいのボリュームになるまで泡立てる。

2　1がゆったりと流れ落ちるくらいになったら、油を少しずつ加えてハンドミキサーを中速にして混ぜ合わせる。油の筋が無くなったら、粗くすりおろしたにんじん、レーズン、刻んだくるみを加えて、ゴムべらでよく混ぜ合わせる。

3　2に薄力粉、ベーキングパウダー、ベーキングソーダ、スパイス類を合わせて、ふるいながら加え、粉っぽさがなくなるまでゴムべらでさっくりと混ぜ合わせる。

4　オーブンシートを敷いた型に生地を流し入れ、170度に温めたオーブンで40〜50分焼く（途中で上部が焦げそうになったら、アルミホイルをかぶせる）。生地に竹串などをさして、何もついてこなければ焼き上がり。熱いうちに型からはずしてオーブンシートを取り、ケーキクーラーなどにのせて冷ます。

5　チーズフロスティングを作る。室温に戻しておいたクリームチーズをボウルに入れてハンドミキサーの低速でなめらかにし、粉糖をふるいながら加えて撹拌する。粉糖が溶けてなめらかになったら、サワークリーム、レモン汁、常温に戻したバターを加えよく混ぜ合わせる。

6　4のキャロットケーキが完全に冷めたら、横半分に切る。下部の切り口に、フチを5mmほど空けて1/3量のチーズフロスティングをスパチュラなどで平らに塗る。上部の切り口を下にしてかぶせる。上から少し押して、挟んだフロスティングが端までくるようにする。上部に残りのチーズフロスティングを塗り、スパチュラで外側から大きな渦状になるように筋を好みでつける。

Classic Carrot Cake

タイプが異なるわが家のキャロットケーキを2種類ご紹介いたします。クラシックタイプは、しっとりとしつつも重曹によるむっちりとした食感もあるアメリカンベイクタイプ。香りと甘さの質の違い、色を濃く出すために黒糖を加えています。スパイス香る菓子が好物なため、数種類のスパイスを加えていますが、シナモンパウダーだけでもキャロットケーキらしさは出るのでお好みで。

26

Fluffy Carrot Cake

もう1種類のキャロットケーキ、フラッフィータイプには韓国のソウルで
出合いました。「フラッフィー（ふわふわした）」という名の通り、とても軽
いタイプです。いわゆるショートケーキなどに使われるジェノワーズ生地
を作るように、卵をかなり泡立てて作ります。生地に合わせて、チーズフロ
スティングにも生クリームを加えて軽くし、生地の間に二段チーズフロスティ
ングを挟み、全体的に軽さがあるテクスチャーを楽しめるようにしました。
軽い食感は食後のデザートに、華やかさもあるので、持ち寄りのデザート
としてもおすすめです。

フラッフィーキャロットケーキ　Fluffy Carrot Cake

<u>材料</u>（直径15cmの丸型1台分）

全卵	3個	にんじん（みじん切り）	120g
きび砂糖	40g	ローストくるみ	30g
三温糖	35g		
菜種油	100g	チーズフロスティングクリーム：	
薄力粉	130g	クリームチーズ	200g
ベーキングパウダー	4g	粉糖	50g
ベーキングソーダ	2g	サワークリーム	50g
シナモンパウダー	2g	生クリーム（乳脂肪分45%以上）	200ml

<u>下準備</u>

- 卵とクリームチーズは常温に戻しておく
- 型にオーブンシートを敷いておく　・オーブンは170度に温めておく

1　ボウルに卵を割り入れてハンドミキサーで軽く溶きほぐしたら湯せんにかける。生地の温度を40度くらいになるまで温め、ふるったきび砂糖と三温糖を加え、ハンドミキサーを高速にして3倍くらいのボリュームになるまで泡立てる。

2　生地を落とした時に、リボン状に形が残るくらいにもったりとなったら、さらに油を少しずつ加えてハンドミキサーの中速にして混ぜ合わせる。油の筋が無くなったら、みじん切りにしたにんじん、刻んだくるみを加え、ゴムべらでよく混ぜ合わせる。

3　薄力粉、ベーキングパウダー、ベーキングソーダ、シナモンパウダーを合わせて2にふるいながら加え、粉類が見えなくなるまでさっくりと混ぜ合わせる。オーブンシートを敷いた型に生地を流し入れ、170度に温めたオーブンで40〜50分焼く（途中で上部が焦げそうになったら、アルミホイルをかぶせる）。生地に竹串などをさして、何もついてこなければ焼き上がり。熱いうちに型からはずしてオーブンシートを取り、ケーキクーラーなどにのせて冷ます。

4　チーズフロスティングクリームを作る。常温のクリームチーズをボウルに入れてハンドミキサーの低速でなめらかにし、粉糖をふるいながら加えて撹拌する。粉糖が溶けてなめらかになったら、サワークリームを加えてさっと撹拌し、生クリームを少しずつ加えて混ぜ合わせる。やわらかい角が立つまで撹拌する。

5　3のキャロットケーキが完全に冷めたら、生地を横3枚に切る。下部の切り口に、1/3量の4のチーズフロスティングクリームをフチを5mmほど空けて、スパチュラなどで平らに塗る。中部の生地かぶせ、同様に1/3量のクリームを塗る。生地の上から少し押して、挟んだフロスティングが端までくるようにする。上部に残りのクリームを塗り、スパチュラで平らにする。好みで花やハーブなどを飾る。冷蔵庫で1時間ほど冷やしてクリームを落ち着かせる。

ヴィエニーズ ウィールズ　Viennese Whirls

材料（6個分）

クッキー：
　バター（食塩不使用）　100g
　粉糖　20g
　薄力粉　90g
　コーンスターチ　10g

バタークリーム：
　バター（食塩不使用）　40g
　粉糖　50g

ジャムサンド用：
　左記バタークリームの半量
　フランボワーズジャム　適量

レモンクリームサンド用：
　左記バタークリームの半量
　レモン汁　大さじ1
　レモンの皮（すりおろす）　適量

下準備

・バターを常温に戻しておく
・オーブンは170度に温めておく

1　クッキーを作る。ボウルにバターを入れ、ハンドミキサーか泡立て器でクリーム状になるまで混ぜる。粉糖を加えて、白っぽくふわっとするまでよく撹拌する。そこに、薄力粉とコーンスターチを合わせてふるい入れ、ゴムべらを底から返すように、練らないようにさっくりとよく混ぜ合わせる。

2　生地を星形の口金をつけた絞り袋に移し、オーブンシートを敷いた天板に、直径約5cmくらいになるように渦状に絞り出す。170度に温めたオーブンで15分ほど焼く。端がうっすらときつね色になったら焼き上がり。熱いうちに天板からはがし、ケーキクーラーなどにのせて冷ます。

3　バタークリームを作る。常温のバターをボウルに入れて、ハンドミキサーで撹拌する。そこに粉糖をふるいながら加え、ハンドミキサーでさらに撹拌する。ふんわりとして白っぽくなったら出来上がり。

4　ジャムサンド用のバタークリームを、星形の口金をつけた絞り出し袋に移す。一枚のクッキーの裏側に中心を空けて渦状に絞り出し、中央に少しだけクリームを絞る。その上にジャムをのせて、もう一枚のクッキーをかぶせ、上から粉糖をふる。レモンクリームサンド用にバタークリーム、レモン汁、レモンの皮を混ぜる。星形の口金をつけた絞り袋に入れて、一枚のクッキーの裏側に渦状にクリームを絞る。もう一枚のクッキーをかぶせて、レモンの皮（分量外）を好みですりおろしてかける。

Viennese Whirls

「ヴィエニーズ（ウィーン風）」と名前にありますが、ウィーン発祥の菓子ではなく、見た目の華やかさからくる名前だそう。私が英国で出会った菓子で、粉糖がたっぷりとふられた絞り出しクッキーにバタークリームとジャムが挟まれていて、「これは好みの菓子」とひと目見て確信しました。

コーンスターチが入ったサクッとした食感のクッキーに、やわらかいバタークリームと酸味のあるベリー系ジャム。この食感も風味も異なる三種が混じり合うのがなんとも嬉しい定番の組み合わせ。さらに、好物のレモンクリームのヴィエニーズも作りました。

大好きなお菓子にお茶が加わると、最上のお茶の時間になります。かの地で食し、どこにも売られていない菓子を自宅で作って食すことは、家庭菓子の楽しみのひとつです。

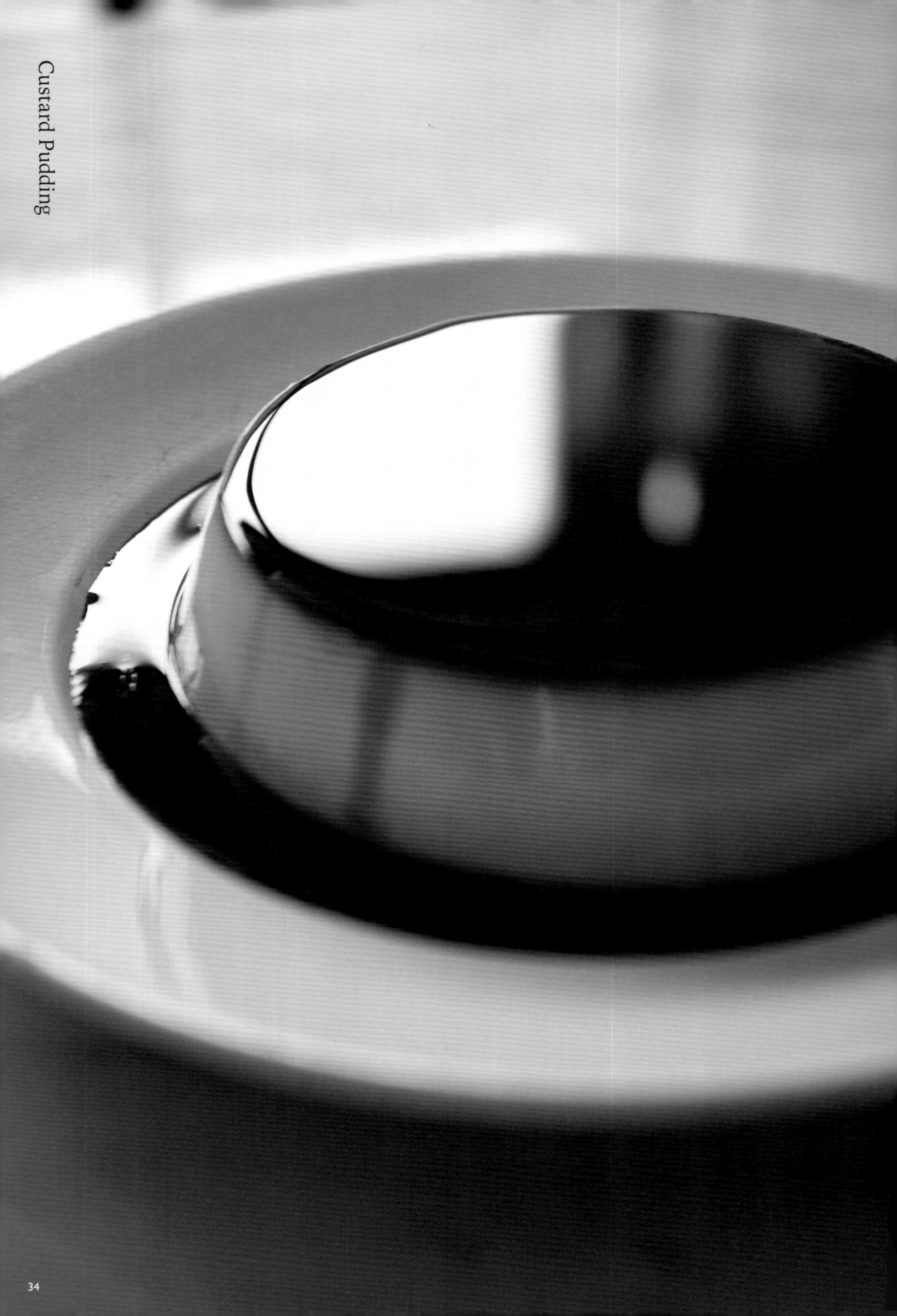

Custard Pudding

大きなカスタードプディングは老若男女に喜んでいただけます。
パリで食べたデザートのクレーム・ランヴェルセは、大きい型で作られて
いて、注文するとカットしてサーヴしてくれます。そんな思い出もあって、
大きなサイズで作り出し、喜ばれるのでどんどん大きくなっていきました。
日常的に作るのは直径15cmですが、お客様がいらっしゃる際には、さら
に大きな直径18cmの型で焼いています。
大きい型で焼くとゆっくりと火が入るので、自宅のオーブンのコツさえわ
かれば失敗は少ないですし、思い立った時に作れるように単純な材料になっ
ています。型ごと持ち運べるのでお土産にも持参しやすく、持ち寄りをし
た先で型から返して仕上げると、歓声も一際大きくなります。

カスタードプディング　Custard Pudding

<u>材料</u>（直径15cmの丸型1台分）
プディング：
　全卵　　　3個
　卵黄　　　3個分
　きび砂糖　70g
　牛乳　　　500ml
　バニラビーンズ　1/3本
　ラム酒　　小さじ1

カラメルソース：
　グラニュー糖　80g
　湯　　　　　　大さじ1

<u>下準備</u>

• オーブンは160度に温めておく

1　カラメルソースを作る。小鍋にグラニュー糖を入れて、強めの中火にかける。煙が出てきて、まわりが色付いてきたら、鍋をゆすり、全体が濃いカラメル色になるまで待つ。濃いカラメル色になったら火から下ろし、湯を加え、全体をゆらして均一にする。熱いうちに型に流し入れて、型の底全体にカラメルが行き渡るようにする。かたまるまでおいておく。

2　プディングを作る。ボウルに卵と卵黄を入れて泡立て器ですり混ぜるように溶きほぐし、ふるったきび砂糖を加えてすり混ぜる。そこにバニラビーンズ（縦に割り、種をしごいて出したもの）を加え、さらに混ぜ合わせる。鍋に牛乳とバニラビーンズのさやを加えて、沸騰しないように温める。生地のボウルに牛乳をこし器でこしながら少しずつ加えてよく混ぜ合わせ、ラム酒を加えてさらに混ぜ合わせる。

3　カラメルを敷いた1の型に、2をこし器でこしながら静かに加える。上に浮いた泡はスプーンで取り除く。

4　天板に型をおき、160度に温めておいたオーブンに入れ、熱湯を天板に注ぎ入れ（天板の半分以上の量）、約35分焼き上げる。竹串などをさして、液体が出てこなかったら焼き上がり。

5　常温になるまで冷ましてから、冷蔵庫で1日以上冷やす。型から取り出す際には、型の内側にくるりとナイフを入れて、皿を逆さにのせて、型ごと返す。

いちごとホワイトチョコレートバニラシャンティイ

Fraise et Chantilly de Chocolat Blanc et à la Vanille

いちごの季節のスペシャリテのひとつです。中まで赤い種類のいちごをきび砂糖で
マリネし、赤い果汁と果実を堪能します。そこに合わせるのは、ホワイトチョコレー
トにバニラを香らせたシャンティイです。季節の果物のマリネにシャンティイを添え
ることで立派なデザートになりますし、お客様がくる時に事前に作っておけるのも助
かります。このシャンティイを使って、パフェやケーキなどに応用して楽しむことが
できるので、わが家では頻繁に食卓に登場するデザートです。

材料 (作りやすい量)

いちご　　2パック
きび砂糖　15g

ホワイトチョコレートバニラシャンティイ:
　ホワイトチョコレート(製菓用)　50 g
　生クリーム(乳脂肪分45%以上)　200ml
　バニラビーンズ　1/4本

1　いちごのマリネを作る。いちごは洗って水気をよく拭き、へたを取って縦半分に
切る。ボウルに移して、きび砂糖を加えてざっくりと混ぜて冷蔵庫で冷やす。

2　ホワイトチョコレートバニラシャンティイを作る。小鍋にホワイトチョコレー
トと生クリーム1/4量を入れて中火にかける(沸騰させないように注意する)。チョ
コレートが溶けたら火から下ろし、常温になるまで冷ます。冷めたらボウルに移して、
さやから出したバニラビーンズを入れ、泡立て器でよく混ぜ合わせる。残りの生クリー
ムを加え、八分立てにする。

3　各々の皿に、1のいちごと2のホワイトチョコレートバニラシャンティイを好きなだ
けよそって食す。

Savory and Tea
for
Spring

チェダーチーズスコーン

セルヴェル・ド・カニュ

中国　雲南古樹紅茶

セイボリーの中でも、家族やお客様に人気があるのがこのチェダーチーズ
スコーンです。英国のチェダーチーズを角切りにしたものをスコーン生地
に混ぜて焼くと、チーズの羽ができて、焼きたてをお出しすると歓声が上が
ります。
そのままでも十分に美味しいのですが、フレッシュチーズににんにくやハー
ブが入ったセルヴェル・ド・カニュを合わせます。本来はリヨンの名物です
が、パリの市場やフロマージュリーでもお目にかかれます。たっぷりと用
意して、熱々の焼きたてスコーンに冷やしたセルヴェル・ド・カニュをのせ
て、食感と味わいと温度差を楽しみます。昼下がりにお茶と、もしくはシャ
ンパンと一緒にアフタヌーンティーというのもいいと思います。

チェダーチーズスコーン   Cheddar Cheese Scones

材料（直径5.5cmの丸型約10個分）

薄力粉　　　　　　　400g
ベーキングパウダー　13g
バター　　　　　　　120g
（または食塩不使用のバター120gに塩1.5g入れる）
きび砂糖　　　　　　30g
無糖ヨーグルト　　　150g
牛乳　　　　　　　　120g

チェダーチーズ　　　100g

下準備

• バターとチェダーチーズはさいの目に切って冷やしておく
• 天板にオーブンシートを敷いておく
• オーブンは180度に温めておく

1　フードプロセッサーに、薄力粉、ベーキングパウダーを入れて、数秒撹拌して空気を入れる。

2　1に冷やしておいたバターを加え、生地の様子を見ながら撹拌する。手で触って砂状になるまで撹拌したら、ふるっておいたきび砂糖を加え、ざっと撹拌する。

3　ボウルに移し、切って冷やしておいたチェダーチーズを加え、ざっと全体に散るようにフォークで混ぜる。別の容器でヨーグルトと牛乳をよく混ぜ、ボウルに加える。水分を吸っていないさらさらの粉がなくなるまで、フォークで全体を大きく混ぜ合わせる。

4　ひとまとまりになったら、打ち粉（分量外）をした台に生地をのせ、表面がなめらかになるように、練り過ぎないように気をつけながら練る。

5　めん棒などで、厚さ3cmほどにのばし、粉をつけた抜き型で約10個抜く。残りの生地は同じくらいの大きさにまとめる。

6　オーブンシートを敷いた天板に並べ、180度に温めておいたオーブンで20分ほど焼き上げる。

セルヴェル・ド・カニュ Cervelle de Canut

材料 (作りやすい量)

フロマージュブラン　300g
　＊フロマージュブランが無い場合は、下記のチーズ類を混ぜてもよい
　リコッタチーズやマスカルポーネなどのフレッシュチーズ　100g
　クリームチーズ　100g
　ギリシャタイプヨーグルト(無糖)　100g

にんにく　1/2片
ハーブ類:
　イタリアンパセリ　5枝
　タイム　　　　3枝
　ディル　　　　5枝
レモンの皮(すりおろす)　1/2個分

A
　オリーブオイル　大さじ2
　シャンパンビネガー(または白ワインビネガー)　大さじ1
　塩、黒こしょう　各適量

下準備

• クリームチーズを使用する場合は、常温に戻しておく

1　にんにくはすりおろし、ハーブ類は全量の半分をみじん切りにしておく。

2　ボウルにフロマージュブランを入れてよく混ぜる。にんにく、1のハーブ
類、すりおろしたレモンの皮、Aを加えてよく混ぜ合わせる。

3　器に2を移し、上部に残りのハーブの葉をのせる。

Summer

Pêche, Chantilly au miel et au Citron

桃とはちみつレモンシャンティイ

Pêche, Chantilly au miel et au Citron

待ちこがれる桃の時季。何はなくともひとまずそのままで食します。その次は、はち
みつとレモンが香るシャンティイでぜひ。シャンティイに入れるサワークリームが
乳の香りと軽い酸味を感じさせ、そこにはちみつの甘さを足します。むきたての桃と
このシャンティイを一緒に口に運ぶと、軽いパフェのような味わいに。好みでレモン
汁をさらにしぼったり、はちみつをたらしたり、それぞれ好みで味わってください。

材料 (4人分)
桃　2個(1人分1/2個)

シャンティイ：
　サワークリーム　90ml(1パック分)
　生クリーム(乳脂肪分45%以上)　200ml
　はちみつ　　　　　大さじ1
　レモン汁　　　　　適量
　レモンの皮(すりおろす)　1/2個分

はちみつ、レモン、レモンの皮　好みで適量

1　シャンティイを作る。ボウルにサワークリームを入れて、なめらかになるまで泡
立て器で混ぜたら、生クリームを少しずつ加えて混ぜ合わせる。少しもったりしてき
たら、はちみつ、レモン汁、レモンの皮を加え、八分立てまで泡立てる。

2　桃の皮をむいて種を取り、ひと口大の乱切りにして、器に盛りつける。1のシャ
ンティイ、好みでレモンの乱切り(分量外)を添える。シャンティイに好みではちみつ
をかけ、レモンの皮を散らす。食す際にレモンをしぼって食べる。

レモンマドレーヌ Madeleine au Citron

レモン風味のマドレーヌの郷愁感と美味しさは、家庭菓子の代表格。はしばみ色のバターを贅沢に香らせたパティスリーのマドレーヌはお店の特権にして、レモンが香るバターと卵と粉の安堵する美味しさを家庭の味に。プレーンでももちろん美味しいのですが、レモンの香りがするホワイトチョコレートをまとわせて、よそゆきにしました。

__材料__ (8cmのマドレーヌ型12個分)

全卵　　2個
きび砂糖　70g
はちみつ　10g
レモンの皮(すりおろす)　1/2個分
薄力粉　120g
ベーキングパウダー　3g
バター(食塩不使用)　100g

チョコレートコーティング:
　ホワイトチョコレート(製菓用)　100g
　レモンの皮(すりおろす)　1/2個分

__下準備__

・卵は常温に戻しておく
・バターは湯せんか電子レンジで溶かして、温かい状態にしておく
・マドレーヌ型に常温に戻したやわらかいバター(分量外)をハケで塗り、冷蔵庫で冷やしておく
・オーブンは180度に温めておく

1　ボウルに卵を割り入れ、泡立て器ですり混ぜるように溶きほぐす。きび砂糖をふるいながら加え、きび砂糖が溶けるまでよくすり混ぜる。はちみつとレモンの皮を加え、よく混ぜ合わせる。

2　1に、薄力粉、ベーキングパウダーをふるいながら加え、泡立て器ですり混ぜる。粉が見えなくなったら、温かさがある溶かしバターを3回に分けて入れ、その都度よくすり混ぜ、バターの筋が見えなくなるまで混ぜる。

3　冷やしておいた型に粉(分量外)をふり、余計な粉をはたき落として、2の生地を流し入れる。

4　180度に温めておいたオーブンで13〜15分焼く。生地に竹串などをさして、何もついてこなければ焼き上がり。熱いうちに型からはずし、ケーキクーラーなどにのせて冷ます。

5　チョコレートコーティングする。ボウルにチョコレートを入れて、40度くらいの湯せんにかける。そこにレモンの皮を入れてよく混ぜる。完全に冷めたマドレーヌの上部1/3くらいにボウルのチョコレートをつけ、オーブンシートにのせて、かたまるまで待つ。

ネクタリンのガトー・ナンテ　Gâteau Nantais de Nectarine

アーモンドプードルが入った生地、さらにたっぷりとグラサージュがかかった菓子ならば、美味しいことは間違いない。そう思わせる、フランス・ナント地方の焼き菓子です。本来は何も入れずに作るかプルーンが入っているレシピですが、わが家では、季節の果実と合わせるのが常です。ネクタリンは水分が少なめのプラムなので、生地が水っぽくならず、バラ科同士、ネクタリンとアーモンドの香りがよく合います。

材料（直径18cmのマンケ型1台分）

全卵	3個	ネクタリン	中1個
きび砂糖	110g		
アーモンドプードル	120g	ラムグラサージュ:	
薄力粉	100g	粉糖	150g
ベーキングパウダー	4g	ラム酒	大さじ2
バター（食塩不使用）	150g	水	小さじ2
ラム酒	大さじ2		

下準備

・卵は常温に戻しておく
・バターは湯せんか電子レンジで溶かし、温かい状態にしておく
・型にオーブンシートを敷いておく　・オーブンは170度に温めておく

1　ネクタリンはよく洗い、皮つきのまま種を取り、12等分に切っておく。

2　ボウルに卵を割り入れて、泡立て器ですり混ぜるように溶きほぐす。きび砂糖をふるいながら加え、きび砂糖が溶けるまでよくすり混ぜる。

3　2にアーモンドプードルをふるいながら加え、泡立て器ですり混ぜる。さらに薄力粉とベーキングパウダーをふるい入れて、すり混ぜる。粉が見えなくなったら、温かさがある溶かしバターを3回に分けて入れ、その都度、よくすり混ぜる。バターの筋が見えなくなったら、ラム酒を加えてすり混ぜる。

4　3の生地を型に流し入れ、1のネクタリンを生地の上にランダムにのせる。170度に温めておいたオーブンで50〜60分焼く（途中で上部が焦げそうになったら、アルミホイルをかぶせる）。生地に竹串などをさして、何もついてこなければ焼き上がり。型からはずしてオーブンシートを取り、ケーキクーラーなどにのせて冷ます。

5　ラムグラサージュを作る。ボウルにふるった粉糖を入れて、ラム酒、水を加え、なめらかになるまで泡立て器で混ぜる。

6　ケーキクーラーの下に皿などを敷き、完全に冷めた4のケーキをのせる。中央から静かに落とすように5のラムグラサージュをかけて、横に落ちるようにスパチュラやナイフで広げる。サイドまでかかったら、かたまるまで涼しい場所で2時間以上おく。

クグロフ型で作られたバターケーキは、ウィーンの街中でたくさん見かけます。コンディトライ(菓子屋)にスーパーに市場、大中小とサイズもいろいろあり、みんなに親しまれている日常的な菓子だとわかります。私のグーゲルフップフは、チェリーの季節のお楽しみ。アメリカンチェリーの時季になったら、この季節にしか登場しないチェリーピッターを使って種を抜いたチェリーを、サワークリームを配合したミルクの香りのする生地にたっぷりと焼きこみます。召し上がる際は、ホテル・インペリアルにならい、粉糖をふって供してください。娘の好物なので、季節を待って毎年作る定番のケーキです。

さくらんぼのグーゲルフップフ　Gugelhupf mit Kirsche

<u>材料</u>（直径18cmのクグロフ型1台分）

バター（食塩不使用）　150g
粉糖　150g
全卵　2個
卵黄　1個分
薄力粉　200g
ベーキングパウダー　5g
サワークリーム　50g
牛乳　大さじ2

アメリカンチェリー　18粒

<u>下準備</u>
・卵、バターは常温に戻しておく
・型にバター（分量外）を塗り、冷蔵庫で冷やしかためて、粉（分量外）をふっておく
・オーブンは170度に温めておく

1　アメリカンチェリーはよく洗って水分をふき、専用の種抜き器、もしくは包丁などで種を抜いておく。

2　ボウルにバターを入れ、ハンドミキサーか泡立て器でクリーム状になるまでよく撹拌する。粉糖をふるい入れて、ふわっとするまでよく混ぜ合わせる。溶きほぐした卵を少しずつ加え、その都度分離しないように、全体がクリーム状になるまでよく混ぜ合わせる。

3　2に薄力粉とベーキングパウダーをふるい入れ、ゴムべらで底から返すようにしながら八分通り混ぜる。別の容器でサワークリームと牛乳をよく混ぜてからボウルに加え、全体がなめらかなクリーム状になるよう、よく混ぜ合わせる。ここにアメリカンチェリーを加え、軽く混ぜ合わせる（混ぜすぎると生地に色がついてしまうので、さっと混ぜる程度でよい）。

4　型に3の生地を流し入れ、上面をならし、型ごと数度落として空気を抜き、170度に温めたオーブンで40〜50分焼く（上部が焦げそうになったら、途中でアルミホイルをかぶせる）。生地に竹串などをさして、何もついてこなければ焼き上がり。型からはずし、ケーキクーラーなどにのせて冷ます。供する直前に好みで粉糖（分量外）をふるいかける。

→Basic Recipes p.168-169

プルーンシナモンレイヤーケーキ

Prune Cinnamon Layer Cake

材料（直径18cmの丸型1台分）

バター（食塩不使用）　150g
きび砂糖　　　150g
全卵　　　　　3個
薄力粉　　　　200g
ベーキングパウダー　5g
牛乳　　　　　大さじ3

プルーン　　　6個

シナモンシュガー：
　シナモンパウダー　小さじ2
　きび砂糖　　　　　大さじ1+1/2

下準備

• 卵とバターは常温に戻しておく
• シナモンパウダーときび砂糖は混ぜておく（シナモンシュガー）
• 型にオーブンシートを敷いておく
• オーブンは180度に温めておく

1　プルーンは縦半分に切り、種を取って、縦に4等分にして24切れにしておく。

2　ボウルにバターを入れ、ハンドミキサーか泡立て器でクリーム状になるまでよく撹拌する。きび砂糖をふるい入れて、ふわっと薄いベージュ色になるまでよく混ぜ合せる。溶きほぐした卵を少しずつ加え、その都度分離しないように、全体がクリーム状になるまでよく混ぜ合わせる。

3　2に薄力粉とベーキングパウダーをふるい入れ、ゴムべらで底から返すようにしながら八分通り混ぜる。ここで牛乳を加え、全体がなめらかなクリーム状になるように、つやが出るまでよく混ぜ合わせる。

4　型に生地を半分流し入れて上面をならし、混ぜておいたシナモンシュガーを全体にふりかける。残り半分の生地を流し入れて、上面をならし、型ごと数度落として空気を抜き、1のプルーンを放射状に並べる。180度に温めたオーブンで30分、170度に下げて20分焼く（途中で上部が焦げそうになったら、アルミホイルをかぶせる）。生地に竹串などをさして、何もついてこなければ焼き上がり。熱いうちに型からはずしてオーブンシートを取り、ケーキクーラーなどにのせて冷ます。

プルーンは種がスッとはずせて水分が少なめの果実なので、焼き菓子にぴったりです。シナモンの風味とよく合うので、生地の間にシナモンシュガーをレイヤーで入れました。上にプルーンをたっぷりと並べて焼き、果汁がプルーンの表面に出てくるまでしっかりと焼きこみます。焼いた当日はプルーンの色はあまり出ていませんが、次の日になると皮の美しい紫が果肉まで染みわたり、じっくりと眺めたくなるような色になります。バターケーキの生地もしっとりと落ち着きますので、ぜひ焼いた次の日に召し上がってください。

無花果のブランデーケーキ Brandy Flavored Fig Cake

無花果の葉の芳しさとブランデーの香りを堪能する菓子です。生地にも無花果の実を焼きこみ、ブランデーでマリネした生の無花果をたっぷりとのせて完成させます。焼き菓子ですが、生の果実マリネと一緒に食すと、焼きこんだ果実との対比を楽しめて、想像以上に軽く食すことを発見できる菓子です。

材料（直径18cmの丸型1台分）

バター（食塩不使用）	150g	無花果	5個
きび砂糖	150g		
全卵	3個	ブランデーシロップ：	
薄力粉	200g	きび砂糖	50g
ベーキングパウダー	5g	水	120ml
牛乳	大さじ3	ブランデー	大さじ3
ブランデー	大さじ1	無花果の葉（あれば）	1〜2枚

下準備

• 卵とバターは常温に戻しておく
• 型にオーブンシートを敷いておく　• オーブンは170度に温めておく

1　無花果は、ぬれたふきんかペーパータオルでふき、6等分のくし形に切る。

2　ブランデーシロップを作る。小鍋にきび砂糖、水、あれば無花果の葉を入れて強火にかける。沸騰してきび砂糖が溶けたら、火から下ろして冷ましておく。完全に冷めたらブランデーを加えて、清潔な保存容器に移して冷蔵庫で保管する。

3　ボウルにバターを入れ、ハンドミキサーか泡立て器でクリーム状になるまでよく撹拌する。きび砂糖をふるい入れて、ふわっと薄いベージュ色になるまでよく混ぜ合せる。さらに溶きほぐした卵を少しずつ加え、その都度分離しないように、全体がクリーム状になるまでよく混ぜ合わせる。

4　3に薄力粉とベーキングパウダーをふるい入れ、ゴムべらで底から返すようにしながら八分通り混ぜる。ここに牛乳とブランデーを加え、全体がなめらかなクリーム状になるようよく混ぜ合わせる。

5　型に4の生地を流し入れ、上面をならし、型ごと数度落として空気を抜く。170度に温めたオーブンで10分ほど焼いて一度取り出し、切っておいた無花果を12切れランダムにのせる。オーブンに戻してさらに40分ほど焼く（上部が焦げそうになったら、途中でアルミホイルをかぶせる）。生地に竹串などをさして、何もついてこなければ焼き上がり。型から取り出し、熱いうちにブランデーシロップをハケなどで全体によく染みこませ（全量染みこませてもよいし、好みの量でもよい）、そのまま冷ましておく。

6　供する直前に、切っておいた残りの無花果をボウルに入れて、ブランデーを大さじ1（分量外）を加えて全体をさっと混ぜ、ケーキの上にのせる。

Savory and Tea
for
Summer

プラムのガスパチョ
サマーズッキーニポークパイ
台湾文山包種とハーブ

バターを切りこんで作る英国のショートクラストペイストリーは、菓子はもちろん、セイボリーも作ることができる万能なパイ生地で、私の定番です。このサマーズッキーニポークパイは夏に必ず作るパイで、夏が盛りのズッキーニにハーブを効かせて豚挽き肉に混ぜこみ、ソーセージの中身のようなフィリングを作ります。それをパイに包んでオーブンで香ばしく焼き上げます。ディジョンタイプのマスタードやキリッとした酸味のグリーンサラダを添えて召し上がってください。
相の手となる冷茶は、夏薫るようなハーブに淡緑美しい台湾の文山包種を水出しにしたものを合わせました。白卓に映えるわが家の夏茶です。

プラムのガスパチョ　　Plum Gazpacho

パイと合わせる一皿目はプラムのガスパチョをぜひ。酸味の効いたガスパチョは夏の熱を一瞬でさらってくれます。

材料 (4人分)
好みのプラム数種　300g
トマト　　　中2個(約300g)
オリーブオイル　　大さじ3
赤ワインビネガー　大さじ1
塩　　　　　小さじ1
黒こしょう　適量
塩麹　　　　適量
アリッサ　　適宜

薬味：
　きゅうり、白瓜、ズッキーニなど好みで適量

1　プラムは種を取り、ざく切りにする。トマトはへたを取り、ざく切りにする。ボウルに入れて、オリーブオイル、赤ワインビネガー、塩、こしょうを入れてよく混ぜ合わせて、完全に冷えるまで冷蔵庫で3時間以上冷やす。

2　1のマリネしたプラムとトマトから十分に水分が出ていたら、フードプロセッサーやミキサーなどにかけてなめらかにする。塩麹と好みでアリッサを加えて味を調え、再度ミキサーにかけてなめらかにする。

3　器に盛りつけ、薬味として、きゅうり、白瓜、ズッキーニを刻んだものを好みで添える。

サマーズッキーニポークパイ　Summer Zucchini Pork Pie

材料(8個分)

ショートクラストペイストリー：
　バター(食塩不使用)　125g
A
　薄力粉　250g
　塩　2g
　きび砂糖　大さじ1

　全卵　1個
　牛乳　大さじ2

フレッシュタイム(飾り用)　8枚

フィリング：
　豚挽き肉　200g
　玉ねぎ　1/4個
　にんにく　1/2片
　ズッキーニ　1/2本
　フレッシュタイム　3枝
　イタリアンパセリ　3枝

B
　ディジョンタイプマスタード　大さじ1
　塩　小さじ1/2
　片栗粉　大さじ2
　黒こしょう　適量

下準備
・バターはさいの目に切って、冷蔵庫で冷やしておく
・オーブンを190度に温めておく

1　ショートクラストペイストリーを作る。フードプロセッサーにAを入れて撹拌する。全体が混ざったら、冷やしておいたバターを加えてさらに撹拌する。手で触ってバターの粒が感じられない砂状になるまで撹拌し、ボウルに移し入れる。別の容器で、卵と牛乳をよく混ぜ合わせてから、ボウルに一度に加える。フォークかゴムべらで練らないように下から返すように混ぜて、下にさらさらの粉が残らないくらいまで全体に水分が行き渡ったら手でひとまとまりにし、ラップに包み冷蔵庫で2時間以上休ませる。

2　フィリングを作る。玉ねぎとにんにく、ズッキーニ、イタリアンパセリはみじん切りにしておく。タイムは葉だけ取っておく。ボウルに豚挽き肉、Bをすべて入れて、粘りが出るまでよく練り、上記の野菜とハーブを加えてさっと混ぜ、8等分にしておく。

3　1のショートクラストペイストリーをのばす。生地を半分に分け、半分は冷蔵庫に入れておく。生地をオーブンシートに挟み、めん棒でたたいてのばしやすくし、やわらかくなってきたら、厚さ3mmになるまでのばし、冷蔵庫に入れる。もう半分の生地も同様にのばす。生地を直径11cmの菊型で8枚抜く。

4　抜いた生地に8等分にしておいたフィリングを片側にのせて、半分に折ってとじ口をしっかりと押さえる。8個できたら、天板にオーブンシートを敷き、その上にのせる。卵黄を溶いたもの(分量外)をハケで上面に塗り、飾り用のタイムをのせる。190度のオーブンで25〜30分ほど焼く。香ばしくきつね色に焼けていたら焼き上がり。

Tea Sandwiches
with
Fresh Herbs

アフタヌーンティーの最初のお皿はティーサンドウィッチが定説です。
定番のキューカンバーサンドウィッチは、バターの油分ときゅうりの水
分と瓜の香りが混じり合うところに美味しさを感じられるので、バター
を厚めに塗って作ります。
もう1種類は、薫製していないジャンボンブランをフレッシュチーズとハー
ブで和えたものをたっぷりと挟んで、2種類のサンドウィッチを必ず。
大皿にティーサンドを盛りつけ、卓上に緑を配するつもりでハーブを散
らし、アフタヌーンティーのはじまりを告げる一皿としています。

ティーサンドウィッチ　Tea Sandwiches

<u>材料(2〜3人分)</u>

食パン(8枚切)　8枚

マスタードバター:
　バター(食塩不使用)　50g
　ディジョンタイプマスタード　25g

仕上げ用:
　ディル　3枝
　タイム　2枝
　レモンの皮(すりおろす)　1/2個分

キューカンバーサンドウィッチ:
　きゅうり　2本
　塩　　　　適量
　黒こしょう　適量
　シャンパンビネガー　小さじ1

ジャンボンブランとフロマージュブランの
サンドウィッチ:
　ジャンボンブラン　　100g
　(薫製していないタイプのホワイトハム)
　フロマージュブラン　　100g
　(またはギリシャタイプ無糖ヨーグルト)
　オリーブオイル　　　　大さじ1
　シャンパンビネガー　小さじ1/2
　(なければホワイトワインビネガーでよい)
　塩,黒こしょう　　　　少々

<u>下準備</u>

・バターを常温に戻しておく

1　マスタードバターを作る。常温に戻しておいたバターをボウルに入れてゴムべらなどで全体がクリーム状になるまで練り、マスタードを加えてよく混ぜ合わせる。

2　きゅうりをパンの長さに合わせて縦に切り、端の皮部分は切り落として、2〜3mmの薄切りにする。バットにひとつまみだけ振り塩をし、きゅうりを平らに並べ、上からもひとつまみの振り塩をする。10〜15分おき、きゅうりから水分が出たら、シャンパンビネガーを全体に振りかける。手でふわっと和えるように全体にシャンパンビネガーをまとわせたら、きゅうりの水分をペーパータオルなどでしっかりとふき取る。

3　パンの具を挟む面にマスタードバターを厚めに塗り、しっかりと水分をふき取ったきゅうりを少し重なるように8〜9枚ほど並べる。これを2セット作る。1セットずつしっかりとラップで包み、冷蔵庫で1時間ほど休ませる。

4　ジャンボンブランは1cm幅の角切りに、ハーブ類はみじん切りにする。ボウルにすべてを入れて、フロマージュブラン、調味料をすべて加え、よく混ぜ合わせる。パンの具を挟む面に薄くマスタードバターを塗り、スプレッドの半分は端を少しあけて塗る。これを2セット作る。1セットずつしっかりとラップで包み、冷蔵庫で1時間ほど休ませる。

5　サンドウィッチの端を切り落とし、正方形になるように4等分に切る。皿に盛りつけて、好みでハーブやレモンの皮を上から散らす。

Autumn

Pain de Gênes aux Poires

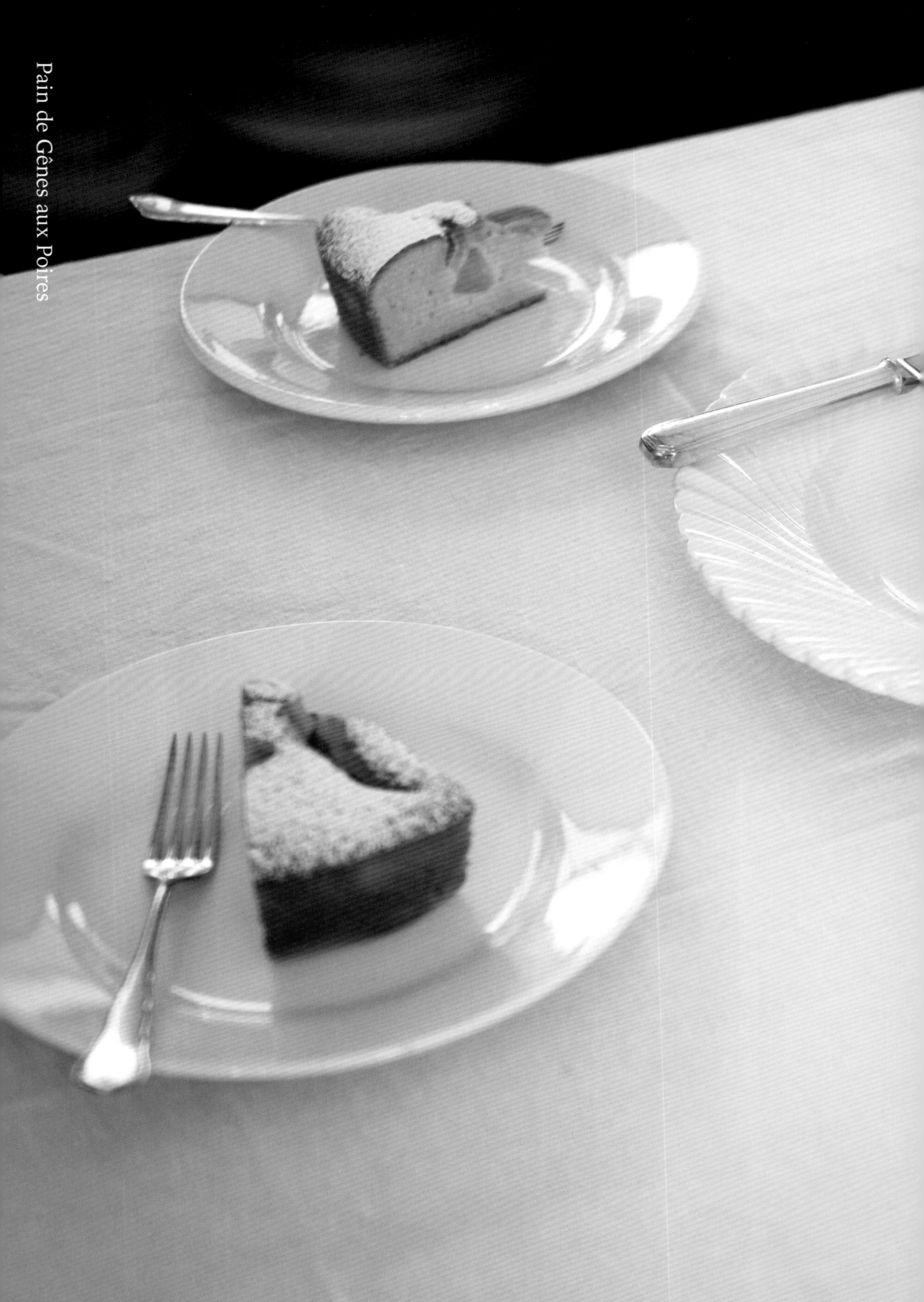

洋梨のパン・ド・ジェンヌ　Pain de Gênes aux Poires

アーモンドプードルをたっぷりと使った、元はジェノバから伝わったと言われる仏菓子です。わが家では、アーモンドプードルと溶かしバターで作る家庭的なレシピで、日が経っても美味しさがあるので30年ほど作り続けている菓子です。
粉糖で作るときめ細かい生地に仕上がり、日が経つごとにしっとりさが増します。本来は生地を楽しむ菓子なので、そのままでも美味しいのですが、季節には必ず洋梨を入れるのが定番になりました。洋梨とアーモンドはバラ科の植物同士、相性がよいものです。

材料 (直径18cmのマンケ型1台分)

全卵	3個
粉糖	120g
牛乳	大さじ2
ラム酒	大さじ1
薄力粉	100g
アーモンドプードル	100g
ベーキングパウダー	3g
バター (食塩不使用)	100g
洋梨	中2個 (大なら1個)

下準備
・卵は常温に戻しておく
・バターは湯せんか電子レンジで溶かして、温かい状態にしておく
・型にオーブンシートを敷いておく
・オーブンは170度に温めておく

1　洋梨は皮をむいて芯を取り、8等分のくし形に切る。

2　ボウルに卵を割り入れ、泡立て器で泡立てないように溶きほぐす。ふるった粉糖を加え、よくすり混ぜる。粉糖がよく溶けたら、牛乳、ラム酒を加えよく混ぜる。

3　薄力粉、アーモンドプードル、ベーキングパウダーをふるいながら加え、泡立て器ですり混ぜる。粉が見えなくなったら、温かさがある溶かしバターを3回に分けて、その都度よくすり混ぜる。バターの筋が見えなくなったら、型に流し入れる。

4　切っておいた洋梨を生地の上にランダムにのせる。170度に温めておいたオーブンで50〜60分焼く(途中で上部が焦げそうになったら、アルミホイルをかぶせる)。生地に竹串などをさして、何もついてこなければ焼き上がり。熱いうちに型からはずしてオーブンシートを取り、ケーキクーラーなどにのせて冷ます。供する前に好みで粉糖(分量外)をふる。

Gâteau Tatin

タルト・タタンのパイの部分をケーキ生地にして、焼成時に出るりんごの
美味しい水分を生地に含ませて焼いた、りんごの時季に一度は作りたい菓
子。酸味と味のコントラストが出やすい紅玉を使いましたが、どの品種で
も構いません。大きい種類であれば4〜6個を12等分のくし切りにして同
様に作ってみてください。このケーキには、フランスの乳酸発酵の香りが
するクリームのような、サワークリームを加えたクリームを添えてどうぞ。
りんごの産地の方には、たっぷりのりんごを使えるケーキと喜ばれ、私自
身が長く作り続けている、家庭菓子の定番のひとつです。

→Basic Recipes p.170-171

ガトー・タタン　　Gâteau Tatin

材料 (直径22cmのマンケ型1台分)

全卵	2個
粉糖	100g
牛乳	大さじ2
ラム酒	小さじ1
薄力粉	100g
アーモンドプードル	70g
ベーキングパウダー	3g
バター(食塩不使用)	100g

型用カラメル:
　グラニュー糖　50g

りんごのキャラメルソテー:
　りんご　小8個
　(写真は紅玉を使用。大中サイズなら4〜6個)
　グラニュー糖　150g
　バター　　　　20g

クリーム:
　生クリーム(乳脂肪分45%以上)　200ml
　サワークリーム　大さじ2

下準備

・卵は常温に戻しておく
・バターを湯せんか電子レンジで溶かして、温かい状態にしておく
・型にオーブンシートを敷いておく　・オーブンは170度に温めておく

1　型用カラメルを作る。小鍋にグラニュー糖を入れて強めの中火にかけて、フチから泡立って茶色くなったら鍋を回しながらグラニュー糖が均一に溶けるようにし、さらに強火にかけて濃い茶色になったら、型に流し入れる。カラメルがかたまるまで冷ましておく。

2　りんごのキャラメルソテーを作る。りんごは皮をむいて芯を取り除き、8等分のくし形に切る。フライパンにグラニュー糖、バターを入れて強火にかけ、フチから泡立って茶色くなったらフライパンを回し、さらに全体が濃い茶色になったら、りんごを一度に加えてじっくり炒める。りんごが茶色くなり全体の水分がなくなってきたら、火から下ろして冷ます。

3　1の型に冷ました2のりんごを放射状に並べる。側面も囲むように並べておく。

4　ボウルに卵を割り入れ、泡立て器ですり混ぜるように溶きほぐす。ふるった粉糖を加え、よくすり混ぜる。粉糖がよく溶けたら、牛乳とラム酒を加えてよく混ぜる。薄力粉、アーモンドプードル、ベーキングパウダーをふるいながら加え、泡立て器ですり混ぜる。粉が見えなくなったら、温かさがある溶かしバターを3回に分けて入れ、その都度よくすり混ぜる。バターの筋が見えなくなったら、型に流し入れる。

5　170度に温めておいたオーブンで50〜60分焼く(途中で上部が焦げそうになったら、アルミホイルをかぶせる)。生地に竹串などをさして、何もついてこなければ焼き上がり。型に入れたまま冷まし、冷蔵庫で一晩ほどしっかりと冷やしてりんごを締めると、型を抜く時にきれいに抜ける。

6　生クリームにサワークリームを加えて泡立てたクリームを添えて食す。

ガトー・ベル・エレーヌ Gâteau de Belle Hélène

材料(直径15cm の丸型１台分)

洋梨	中１個
全卵	２個
卵黄	１個分
粉糖	100g
バニラビーンズ	1/4 本
牛乳	大さじ３
ブランデー	大さじ１
薄力粉	150g
ベーキングパウダー	5g
バター(食塩不使用)	100g

ガナッシュクリーム：
製菓用チョコレート(カカオ分55%)　100g
生クリーム(乳脂肪分45%以上)　50ml
バター(食塩不使用)　30g

下準備

・卵は常温に戻しておく
・バターは湯せんか電子レンジで溶かし、温かい状態にしておく
・型にオーブンシートを敷いておく　・オーブンは170度に温めておく

1　洋梨は皮をむき、芯を取り除いて２cmほどの角切りにする。

2　ボウルに卵を割り入れ、泡立て器ですり混ぜるように溶きほぐす。ふるった粉糖を加え、よくすり混ぜる。粉糖がよく溶けたら、さやから取り出したバニラビーンズ、牛乳、ブランデーを加えてよく混ぜる。

3　薄力粉とベーキングパウダーをふるいながら加え、泡立て器ですり混ぜる。粉が見えなくなったら、温かさがある溶かしバターを３回に分けて入れ、その都度よくすり混ぜる。バターの筋が見えなくなったら、切っておいた洋梨を加え、ざっとゴムべらで混ぜたら、型に流し入れる。

4　170度に温めておいたオーブンで50〜60分焼く(途中で上部が焦げそうになったら、アルミホイルをかぶせる)。生地に竹串などをさして、何もついてこなければ焼き上がり。熱いうちに型からはずしてオーブンシートを取り、ケーキクーラーなどにのせて冷ます。

5　ガナッシュクリームを作る。小鍋に生クリームとバターを入れて弱火で温める。バターが溶けたら、ボウルに入れたチョコレートに温めた生クリームとバターを加える。中心からゆっくりとゴムべらで混ぜてチョコレートを溶かす。40度くらいの湯せんにかけてなめらかになるまでよく混ぜる。

6　4のケーキに5のなめらかなガナッシュクリームをかけて、スパチュラで広げる。常温で20〜30分ほど、ガナッシュクリームがかたまるまでそのままおく。

Gâteau de Belle Hélène

「ベル・エレーヌ」という名の、洋梨のコンポートにチョコレートソースをかけたフランスのデザートをイメージしたケーキ。ガナッシュクリームをかけるので、きれいにコーティングはされませんが、卵とバニラの風味高い生地にガナッシュクリームをかけたリッチな菓子です。生地は溶かしバターで作るタイプで、気軽に作れます。やわらかく風味のよいガナッシュ、洋梨、バニラの生地の相性はとてもよく、食後に薄めに切って供しても、午後のお茶の時間にたっぷりといただいても、どちらにもほどよい菓子です。

ベイクドペア ガナッシュクリーム＆スパイスブランデー

Baked Pear, Ganache Cream & Spiced Brandy

<u>材料</u>（6人分）

洋梨　3個

ガナッシュクリーム：
製菓用チョコレート（カカオ分55％）　150g
生クリーム（乳脂肪分45％以上）　150ml
バター（食塩不使用）　50g
牛乳　　　　大さじ2

スパイスブランデー：
ブランデー　　　　　　200ml
シナモンスティック　　1本
クローブ　　　　　　　4粒
スターアニス　　　　　1個
カルダモン　　　　　　1粒

<u>下準備</u>

・オーブンは180度に温めておく

1　スパイスブランデーを作る。材料をすべて清潔な保存容器に入れて、最低1日以上漬けこんでおく。日が経つほど香りは立つ。

2　ベイクドペアを作る。洋梨は縦半分に切り、底を少しだけ薄くスライスし、自立させる。種の部分をスプーンなどで丸くくり抜く。天板にオーブンシートを敷き、切り口を上面にして、180度に温めたオーブンで30〜40分ほど焼く。焼けたら常温になるまで冷ましておく。

3　ガナッシュクリームを作る。小鍋に生クリームとバターを入れて弱火で温める。まわりが泡立って熱くなったら、チョコレートを入れたボウルに注ぎ入れて、1分ほどそのままにしておく。中央からゆっくりと泡立て器で一定方向に混ぜる。全体が溶けてなめらかにつややかになったら、牛乳を加えて、さらにゆっくりと混ぜ合わせる。器に流し入れて、涼しい部屋で1時間ほどかたまるまでおいておく。

4　ガナッシュクリームには好みでココアパウダー（分量外）をかける。洋梨のくり抜いた部分にスパイスブランデーを注ぎ、好みの量のガナッシュクリームをのせて一緒に食す。

　洋梨の時季のスペシャリテのひとつです。ガナッシュクリームとスパイス
ブランデーをそれぞれ作っておいて、自宅で会食のデザートとして長年お
出ししています。洋梨はどの種類でも、お好みのもので。ガナッシュクリー
ムは常温で供するのがちょうどよい濃度です。スパイスブランデーを洋梨
のくり抜いたところに好きなだけ入れて、ガナッシュクリームと一緒に食
すると、3つの香りの混じり合いが秋の深まりを感じさせます。
　お子様にはお酒は抜きで、甘いものが苦手な方には洋梨とお酒だけで。召し
上がる方によって幾通りにも楽しみ方があるところも、好きなメニューです。

大好きなレモンの香りと酸味が印象的なアイシングを堪能するケーキです。生地自体にサワークリームを加えることで乳製品の香りとまろやかさが加わり、印象的なアイシングと合わさって、口内でほどよい香りと酸味になる組み合わせです。また、お茶と合わせて味を完成させたいので、酸味が先に立たないように調整してあります。

レモンサワークリームケーキ   Lemon Sour Cream Cake

<u>材料</u>(直径18cmのクグロフ型1台分)

バター(食塩不使用)　150g	
きび砂糖　　　　　　150g	
全卵　　2個	
卵黄　　1個分	
薄力粉　200g	
ベーキングパウダー　5g	
サワークリーム　　　50g	
レモン汁　　　　　大さじ2	
レモンの皮(すりおろす)　1個分	

レモンアイシング:

粉糖　　　　200g
レモン汁　大さじ2
水　　　　大さじ1
レモンの皮(すりおろす)　1個分
ホワイトチョコレート(製菓用)　25g

<u>下準備</u>

• 卵とバターは常温に戻しておく
• 型にバター(分量外)を塗り冷蔵庫で冷やしかためて、粉(分量外)をふっておく
• オーブンを170度に温めておく

1　ボウルにバターを入れ、ハンドミキサーか泡立て器でクリーム状になるまでよく撹拌する。きび砂糖を加えてベージュ色にふわっとするまでよく混ぜ合わせる。さらに溶きほぐした卵を少しずつ加え、その都度分離しないように、全体がクリーム状になるまでよく混ぜ合わせる。

2　1に薄力粉とベーキングパウダーをふるい入れ、ゴムべらで底から返すようにしながら八分通り混ぜる。なめらかにしたサワークリームとレモン汁、レモンの皮を加え、全体がなめらかなクリーム状になるようによく混ぜ合わせる。

3　型に2の生地を流し入れ、上面をならし、170度に温めたオーブンで40〜50分焼く(途中で上部が焦げそうになったら、アルミホイルをかぶせる)。生地に竹串などをさして、何もついてこなければ焼き上がり。型からはずし、ケーキクーラーなどにのせて冷ましておく。

4　レモンアイシングを作る。粉糖をボウルにふるい入れ、レモン汁と水を加え、なめらかになるま泡立て器でよくすり混ぜる。そこに、レモンの皮を加えてよく混ぜ合わせる。レモンの皮が全体に散り、よく混ざったら、溶かしたホワイトチョコレートを加え、よく混ぜ合わせる。

5　3のケーキにレモンアイシングをかける(スプーンの背で広げるようにすると自然に落ちていく)。アイシングがかたまらないうちに好みで花弁(分量外)を飾り、そのまま1時間以上おく。

ベイクドタイプのチーズケーキに、香りを多く含むレモンピールをクラウンのように飾りつけた、プレゼントやお祝いの時によく作るチーズケーキです。普段のおやつには飾りつけをしないで、シンプルなチーズケーキだけでも。レモンを1個使うつもりでレシピを構成しているので、上のクリームに使わない場合は、すりおろしたレモンピールを生地に加えてください。

レモンピールクラウンチーズケーキ

Lemon Peel Crown Cheesecake

材料(直径15cmの丸型1台分)

クリームチーズ	200g	トップ:	
きび砂糖	100g	生クリーム(乳脂肪分45%以上)	100ml
サワークリーム	90ml(1パック分)	サワークリーム	40g
生クリーム(乳脂肪分45%以上)	100ml	きび砂糖	大さじ1
全卵 3個		レモンの皮	1個分
レモン汁	大さじ1		
コーンスターチ	15g		

ボトム:
　胚芽ビスケット　　　100g
　バター　　　　　　　50g
　シナモンパウダー　少々

下準備
・クリームチーズ は常温に戻しておく
・バターを湯せんか電子レンジで溶かしておく
・型の底にオーブンシートを敷いておく　・オーブンを160度に温めておく

1　ボトムを作る。胚芽ビスケットとシナモンパウダーをフードプロセッサーに入れて粉砕する(なければ厚手の袋に入れてめん棒などでたたいて細かくする)。溶かしたバターを加え、全体をよく混ぜ合わせる。型に入れ、平らにして冷蔵庫で1時間以上冷やしかためる。

2　生地を作る。フードプロセッサーにクリームチーズを入れて撹拌する。なめらかになったらふるったきび砂糖を加え、砂糖の粒が見えなくなるまで撹拌する。なめらかになったら、サワークリーム、生クリーム、卵を順番に加えてよく撹拌する。全体がよく混ざったら、レモン汁、ふるったコーンスターチを加えよく混ぜる(フードプロセッサーがなければ、ボウルに入れて、泡立て器で順番に混ぜ合わせる)。

3　冷やしておいた1の型に2の生地を流し入れる。型ごと2、3度落として空気を抜き、160度に温めていたオーブンで50〜60分焼く(途中で上部が焦げそうになったら、アルミホイルをかぶせる)。生地に竹串などをさして、何もついてこなければ焼き上がり。常温になるまで冷まして、冷蔵庫で一晩以上冷やしかためる。

4　仕上げる。型の内側をナイフで一周し、型からはずす。ボウルにサワークリームを入れ、きび砂糖をふるい入れ、泡立て器でなめらかにしたら、生クリームを少しずつ加え、よく混ぜ合わせて七分立てくらいに泡立てる。チーズケーキの上にクリームをのせてスプーンなどで大らかに平らにし、レモンゼスター(レモンの皮を削ぐ専用器)などで削いだレモンピールをまわりに飾る。

その名の通りウェールズ地方の菓子で、長年作り続けている憧れが詰まった菓子のひとつです。本来はグリドルやベイクストーンと呼ばれる丸く平たい鉄板でスコーンに似た生地を焼いて砂糖をまぶし、この見た目の滋味深さにはいつも頬が緩みます。

まさにお茶と一緒に楽しむべきお茶泥棒な菓子で、秋冬の寒い日にこれが家にあるというだけで、お茶の時間が待ち遠しくなります。遠い異国の菓子なのになぜか懐かしさを感じ、お出しするとみなさまに喜ばれる菓子でもあります。

ウェルシュケーキ　Welsh Cakes

材料(直径5.5cmの菊型約20個分)

A
  薄力粉　　　　　　　　　250g
  きび砂糖　　　　　　　　30g
  ベーキングパウダー　　5 g
  塩　　　　　　　　　　　少々
  シナモンパウダー　　　小さじ1/2
バター(食塩不使用)　100 g
カランツ　　　　　　　　50g
ドライクランベリー　　30g
全卵　　　　　　　　　　1個
牛乳　　　　　　　　　　60ml

仕上げ用:
  グラニュー糖、きび砂糖　適量(2:1くらいの割合が目安)

下準備
・バターはさいの目に切って、冷蔵庫で冷やしておく
・仕上げ用のグラニュー糖ときび砂糖をバットに入れて混ぜておく
・ドライクランベリーは粗く刻んでおく

1　フードプロセッサーにAを合わせて撹拌する。空気が入り、シナモンパウダー
が全体に混ざったら、バターを加えてさらに撹拌し、さらさらの砂状にする。

2　1をボウルに移し、カランツ、ドライクランベリーを加えて全体に行き渡るように、
フォークなどでざっくり混ぜ合わせる。次に溶きほぐした卵と牛乳を混ぜ合わせて
加え、フォークなどでざっくりと切るように混ぜ合わせる。まとまってきたら、手で
軽くこねてひとまとめにする(こねすぎないこと)。

3　打ち粉(分量外)をした台に2の生地をのせ、めん棒で8mmくらいの厚さにの
ばし、型で抜く。

4　フライパンに3を並べて弱火にかけ、じっくりと両面を焼く。焼きたての熱い
うちに、混ぜておいた仕上げ用の砂糖を両面にまぶして、そのまま冷ます。

ウェルシュターンオーバー   Welsh Turnover

<u>材料</u>(直径8.5cmの菊型約5個分)

A
 薄力粉 250g
 きび砂糖 50g
 ベーキングパウダー 5g
 塩   少々
 シナモンパウダー 小さじ1/2
バター(食塩不使用) 100g
全卵 1個
牛乳 50ml

ネクタリン 1個
季節のベリージャム(p.172) 大さじ1

<u>下準備</u>

• バターはさいの目に切って、冷蔵庫で冷やしておく

1 ネクタリンは半分に切って種を取り、一口大に切ってボウルに入れる。ジャムを加えよく混ぜ合わせておく。

2 フードプロセッサーにAを入れて、撹拌する。空気が入り、シナモンパウダーが全体に混ざったら、バターを加えてさらに撹拌し、さらさらの砂状にする。

3 生地をボウルに移し、溶きほぐした卵と牛乳を混ぜ合わせたものを加え、フォークなどでざっくりと切るように混ぜ合わせる。まとまってきたら、手で軽くこねてひとまとめにする(こねすぎないこと)。

4 打ち粉(分量外)をした台に生地をのせ、めん棒で5mmくらいの厚さにのばし、10個ほど型で抜く(2枚で一組になる)。

5 型で抜いた生地の片方に1をこんもりとのせて、フチを牛乳(分量外)でぬらし、もう片方の生地を空気を抜くようにかぶせる。端をつまむようにして押さえて生地がつくようにする。残りも同様に作る。

6 フライパンに5を並べて弱火にかけ、焦がさないように気をつけて、じっくりと両面を10〜15分ほど焼く。中心部の生地を触ってみて、かたくなっていれば焼き上がり。少し冷まして、上部に粉糖(分量外)をかけて供する。

ウェルシュケーキと同じ生地を使って作るお菓子で、ナイフとフォークで
いただく粉糖をまとった、品のある風情が特徴です。季節の果実をジャム
でマリネして、かすかにスパイス香る生地に包んだら、フライパンでじっ
くりと焼き、ほの温かいうちにたっぷりと粉糖を振って供します。生地で
包むので、水分の少ないネクタリンや洋梨、さっと煮たりんごなどがわが
家での定番です。

Savory and Tea
for
Autumn

栗バター

単叢紅茶　蜜蘭香

栗バター　　Chestnut Butter

栗の時季には、この栗ペーストと栗バターを作ります。
栗ペーストはほのかな甘さなので、菓子のように栗を茶巾にしてもいいですし、パン
やパンケーキなどと一緒に楽しんでいただけます。この栗ペーストを作ったら、半分
は栗バターに。栗ペーストにバターを合わせるだけですが、甘いものにも塩っぱいも
のにも合う万能なバターになります。サンドウィッチに厚く挟んでもいいですし、秋
冬のポタージュに栗バターをひとさじ落とすのもよいです。私の大好きな食べ方は、
栗を食べて育った豚で作られるハモンセラーノと一緒に食べることです。甘さと塩っ
ぱさの味わいは、永遠に続くかのようで、手が止まらなくなります。

材料(作りやすい量)

栗ペースト:
ゆで栗　正味300g
A
　きび砂糖　50g
　牛乳　　　100ml
　塩　　　　少々

栗バター:
　バター(食塩不使用)　100g
　栗ペースト　250g

下準備

・栗は一晩水につけておく

1　栗ペーストを作る。鍋に栗を入れて、たっぷりの水を加えて、1時間ほどゆでる。
ゆで汁につけたまま冷まし、半分に切り、スプーンなどで実だけを取る。鍋に栗とA
を入れて、中火にかけてよく練る。水分がなくなり、ねっとりとしてきたら火から下ろす。
清潔な保存容器に移して、上にぴったりと空気を抜くようにラップをして、常温まで
冷めたら冷蔵庫で保存する。3日ほど保存可能。

2　栗バターを作る。バターは、指がすっと入るくらいのやわらかさになるように常
温においておく。ボウルに、栗ペースト、バターを入れてよく混ぜ合わせる。清潔な
保存容器に移しかえて、上にぴったりと空気を抜くようにラップをして、冷蔵庫で保
存する。1週間ほど保存可能。

Winter

Gâteau Breton

フランス・ブルターニュ地方の伝統菓子であるガトー・ブルトンは、祭事の
菓子で、格子柄をつけて塩入りバターで作るのが本来のレシピ。美味しい
塩が少しだけ効いているのが私の好みなので、食塩不使用のバターで作り、
ブルターニュの塩を少しだけ加えたレシピです。また、気軽な家庭菓子ら
しく、柄はつけずに焼きました。自分用に作ったり、柄をつけて手土産にし
たりして楽しんでいる焼き菓子です。
バターの香りのする粉菓子は、お茶好きの方々には大変喜ばれる菓子のひ
とつ。口の中に菓子をふくんで、水分が足りなくなったところにお茶をす
るのが喜びで、粉菓子の美味しさを存分に味わうことができます。

ガトー・ブルトン　　Gâteau Breton

材料（直径18cmの丸型1台分）

バター（食塩不使用）　200g
きび砂糖　60g
粉糖　　　60g
卵黄　　　2＋1/2個分
ラム酒　　小さじ1
薄力粉　　120g
アーモンドプードル　80g
ベーキングパウダー　1g
塩　　　　　　　　　1g

卵黄（つや出し用）　1/2個分（上記の卵黄の残り）

下準備

・バターと卵は常温に戻しておく
・型にオーブンシートを敷いておく

1　ボウルに常温に戻したバターを入れて、ハンドミキサーなどで白っぽくなるまで混ぜ、ふるったきび砂糖と粉糖を加えてさらに混ぜ合わせる。砂糖の粒が見えなくなったら、卵黄を2回に分けて加え、その都度よく混ぜ合わせ、ラム酒を加えさらに混ぜ合わせる。

2　全体がクリーム状になったら、薄力粉、アーモンドプードル、ベーキングパウダー、塩をふるいながら加え、ゴムべらでさっくりと混ぜ合わせる。

3　型に生地を入れ、上からオーブンシートをかぶせて、その上からヘラなどで平らにならす。上面が平らになったら、シートをかぶせたまま1～2時間ほど冷蔵庫で休ませる。その間に、オーブンを160度に温めておく。

4　生地がかたまったらゆっくりとオーブンシートをはがす。つや出し用の卵黄をハケで上面にまんべんなく塗り、温めたオーブンで50～60分焼く（上部が焦げるようなら、途中でアルミホイルをかぶせる）。香ばしく焼けたら型からはずしてオーブンシートを取り、ケーキクーラーなどにのせて冷ます。

チョコレートアーモンドトルテ　Chocolate Almond Torte

<u>材料</u>（直径18cmの丸型 1 台分）
バター（食塩不使用）　150g
粉糖　100g
アーモンドプードル　100g
卵白　 4 個分
製菓用チョコレート（カカオ分55%）　150g
卵黄　 4 個分
薄力粉　50g

ココアパウダー　適量

ウィスキークリーム：
　生クリーム（乳脂肪分45%以上）　適量
　ウィスキー　好みの量

<u>下準備</u>
・卵とバターは常温に戻しておく
・チョコレートをボウルに入れて40度くらいの湯せんで溶かし、温かい状態にしておく
・型にオーブンシートを敷いておく　・オーブンは170度に温めておく

1　ボウルに常温に戻したバターと1/2量の粉糖をふるい入れて、泡立て器でなめらかなクリーム状になるまで攪拌する。そこにアーモンドプードルをふるい入れて、よく混ぜる。

2　別のボウルに卵白を入れて、ハンドミキサーでさっと溶きほぐし、残り半分の粉糖をふるい入れたら、しっかりと角が立つまで泡立てる。

3　1 の生地に、溶かした温かいチョコレートを加え、よく混ぜ合わせる。混ざったら、溶きほぐした卵黄を 3 回に分けて加え、その都度よく混ぜ合わせる。もったりとした生地になったら薄力粉をふるい入れて、泡立て器でよく混ぜ合わせる。

4　2 の卵白を再度ハンドミキサーでしっかりと泡立て、3 のボウルに 3 回に分けて加える。その都度、泡立て器でよく混ぜ合わせる。

5　型に生地を流し入れ、上面をならし、型ごと数度落として空気を抜き、170度に温めたオーブンで40〜50分ほど焼く（上部が焦げるようなら途中でアルミホイルをかぶせる）。生地に竹串などをさして、何もついてこなければ焼き上がり。熱いうちに型からはずしてオーブンシートを取り、ケーキクーラーなどにのせて冷ます。

6　ウィスキークリームは、氷をあてたボウルに生クリームを入れてやわらかい角が立つくらいまで泡立て、好みの量のウィスキーを加える。ケーキを供する直前にココアパウダーをふり、ウィスキークリームを添える。

昔は好きだった濃厚なチョコレート菓子が、あまり得意ではなくなってしまいました。お茶とのバランスが取れるような、チョコレートも感じつつ、ケーキの食感もしっかりと感じるようにアーモンドプードルをたっぷりと加えたレシピがこの一品です。
そのままでもお茶と楽しめますし、クリームを添えるのがお好きな方はウィスキークリームを添えて、ぜひ召し上がってみてください。樽の香りがするウィスキーが加わったクリームとチョコレートは納得の相性です。

長らく憧れていた英国菓子のひとつです。愛読書の中では婦人会の方が
作られていて、どのような味なんだろうと、本を見ながら作っていました。
その後、英国に永住した友人が帰国の度に本物の菓子の味をいろいろと教
えてくれたことを思い出します。
肌寒くなる時季になったら、ほの温かいロックケーキにたっぷりの有塩バ
ターをつけて頬張ってほしい。その時にはたっぷりのお茶もご一緒に。秋
冬の訪れが待ち遠しい菓子になるはずです。

ロックケーキ　　Rock Cakes

材料（6〜8個分）

バター（食塩不使用）　100g
（食塩使用のバターでも可。その場合Aの材料から塩を除く）

A 薄力粉　　200g
　ベーキングパウダー　7g
　きび砂糖　50g
　塩　　　　1g

カランツ　50g
全卵　　　1個
牛乳　　　大さじ2
グラニュー糖　　適量

下準備

・バターはさいの目に切って、冷蔵庫で冷やしておく
・天板にオーブンシートを敷いておく
・オーブンは190度に温めておく

1　フードプロセッサーにAを入れて撹拌する。全体が混ざったら、冷やしておいたバターを加え、手で触ってバターの粒が感じられないくらいの砂状になるまで、撹拌する（フードプロセッサーがない場合は、ボウルにAをふるいながら入れて、冷えたバターを加える。ナイフやスケッパーで刻み、粒が小さくなってきたら砂状になるまで手ですり合わせる）。

2　1の生地をボウルに移し入れて、カランツを加え、全体に行き渡るように混ぜる。

3　別のボウルに卵を割り入れてよく溶きほぐし、牛乳を加えてよく混ぜ合わせる。

4　2のボウルに3の卵液を一度に加え、フォークやゴムべらなどで底から返すようにして全体に水分を行き渡らせる。さらっとした粉がなくなり、全体がまとまるまでさっくりと混ぜる。

5　4の生地を手で小高くなるようにまとめ、オーブンシートを敷いた天板に並べる。上にグラニュー糖をふりかける。190度のオーブンで15〜17分ほど焼く。

サブレメゾン　　Sablés maison

アーモンドプードルが入り、サクッとした食感の飽きのこない普遍的な美味しさの配合です。薄めでも厚めでも好みの厚さにのばし、上に卵液を塗って筋をつけてもいいですし、何も塗らずにフランスのパン屋さんのような素朴な風情もいいと思います。このレシピをもとにして、それぞれのご家庭でお好きなように作り続けていただけたら嬉しいです。

材料 (直径6.5cmの楕円型約20枚分)
バター(食塩不使用)　75g
粉糖　60g
全卵　1/4個分

A 薄力粉　130g
　アーモンドプードル　20g
　ベーキングパウダー　1g
　塩　　1g

下準備
・卵とバターは常温に戻しておく
・天板にオーブンシートを敷いておく

1　フードプロセッサーに室温に戻したバターを入れ、クリーム状になるまで撹拌する。粉糖をふるい入れて、よく混ぜ合せる。溶きほぐした卵を少しずつ加え、その都度分離しないように、全体がクリーム状になるまでよく混ぜ合わせる。

2　1にAをふるい入れて撹拌する。全体に大きいボロボロとした塊がいくつかできるような生地になったら、撹拌を止める。

3　ラップの上に生地をのせて、その上にラップをかぶせて、めん棒で厚さ1cmにのばす。のばした生地を平らにしたまま、冷蔵庫で1〜2時間以上冷やす。その間にオーブンを170度に温める。

4　生地がかたくなって十分に冷えたら、型で抜く。残りの生地は同じような大きさに手で丸める。つや出し用に、卵液(生地に使った残り)をサブレの上部にハケで塗る。

5　オーブンシートを敷いた天板にのせ、170度に温めたオーブンで15〜18分ほど焼く。香ばしく焼けたら、ケーキクーラーなどにのせて冷ます。

バターサブレ　　Sablés au beurre

サブレメゾンは私の好物、このバターサブレは娘の好物です。わが家では、この2種類のサブレだけを繰り返し作っています。バターサブレは何しろ軽いサクサクっとした食感に口溶けもよく、バターの香りを楽しめるサブレです。フードプロセッサーでバターを粉に入れこんでいくので軽い食感になり、のばしてから生地を冷やすので、型抜きもしやすく立ち上がりもきれいです。たくさんのレシピを作るよりも少ないレシピを季節ごとに作り、生地の様子を一年通じて確認することは、その菓子が家庭の日常となり、精度も上がる要因だと思います。

材料 (直径5.5cmの丸型約10枚分)
バター (食塩不使用)　80g

A
　薄力粉　50g
　強力粉　50g
　アーモンドプードル　30g
　粉糖　40g

下準備
・バターはさいの目に切って、冷蔵庫で冷やしておく
・天板にオーブンシートを敷いておく

1　フードプロセッサーにAを入れて、全体が混ざるように撹拌する。そこに冷やしておいたバターを加えて撹拌する。全体に大きいボロボロとした塊がいくつかできるような生地になったら、撹拌を止める。

2　ラップの上に生地をのせて、その上にラップをかぶせて、めん棒で厚さ1cmにのばす。のばした生地を平らにしたまま、冷蔵庫で1〜2時間以上冷やす。その間にオーブンを160度に温める。

3　生地がかたくなり十分に冷えたら、型で抜く。残りの生地は同じような大きさに手で丸める。

4　オーブンシートを敷いた天板にのせ、160度に温めたオーブンで20分ほど焼く。香ばしく焼けたら、ケーキクーラーなどにのせて冷ます。

Authentic Apple Cake

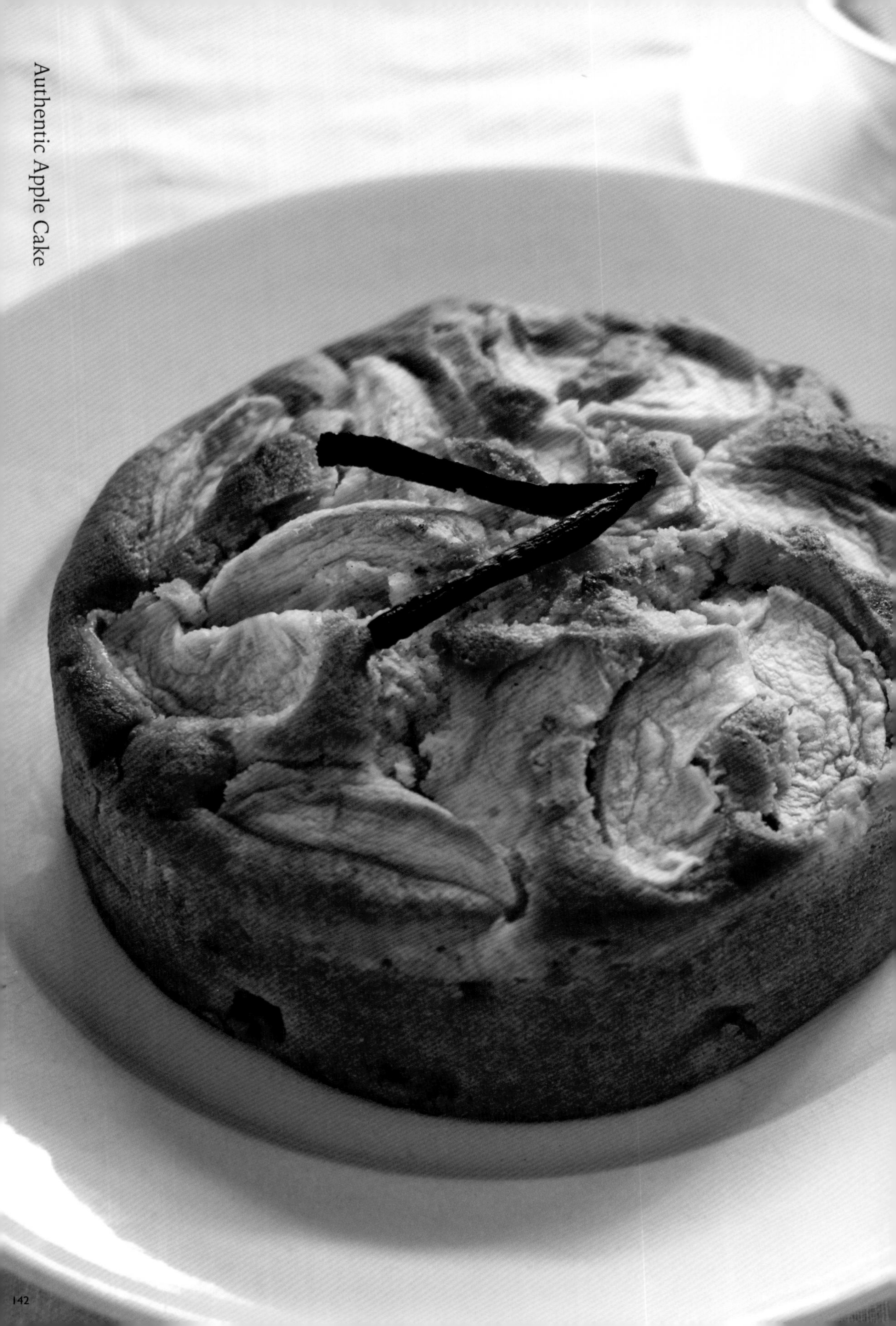

りんごがなる土地それぞれにあるアップルケーキ。各国の各家庭で日常に
沿う菓子の代表ではないかと思います。りんごとバター、卵、粉とシンプル
な構成を味わうレシピにしました。つい、大好物のシナモンを入れてしま
うのが常ですが、このケーキはバターの香りを優先しました。りんごの果
汁が染み出し、しっとりとしたなんてことはないバターケーキは、どなた
にでも口なじみがよく、秋冬の家庭菓子の定番になると思います。

→Basic Recipes p.168-169

オーセンティックアップルケーキ　Authentic Apple Cake

<u>材料</u>(直径18cmの丸型 1 台分)

バター(食塩不使用)　150g
きび砂糖　　　　　100g
全卵　　　　　　　3 個
薄力粉　　　　　　200g
ベーキングパウダー　5 g
牛乳　　　　　　　大さじ 2
ブランデー　　　　大さじ 1
バニラビーンズ(あれば)　1/3本

りんご　　　正味300g (中サイズ 2 個分)
カランツ　　50g

<u>下準備</u>

• 卵とバターを常温に戻しておく
• 型にオーブンシートを敷いておく
• オーブンは170度に温めておく

1　りんごは 1 個を1cm角に切り、もう 1 個は12等分のくし形に切る。

2　ボウルにバターを入れ、ハンドミキサーか泡立て器でクリーム状になるまでよく撹拌する。きび砂糖をふるい入れて、ふわっと薄いベージュ色になるまでよく混ぜ合せる。さやからしごき出したバニラビーンズを加え、さらによく撹拌する。

3　2 に溶きほぐした卵を少しずつ加え、その都度分離しないように、全体がクリーム状になるまでよく混ぜ合わせる。

4　3 の生地に1cm角に切ったりんごとカランツを加えさっくりと混ぜたら、薄力粉とベーキングパウダーをふるい入れ、ゴムべらで底から返すようにしながら八分通り混ぜる。牛乳とブランデーを加え、全体がなめらかなクリーム状になるまでよく混ぜ合わせる。

5　型に 4 の生地を流し入れ、上面をならして、くし形に切っておいたりんごをランダムに並べる。型ごと数度落として空気を抜き、170度に温めたオーブンで50〜60分ほど焼く(途中で上部が焦げるようなら、アルミホイルをかぶせる)。生地に竹串などをさして、何もついてこなければ焼き上がり。熱いうちに型からはずしてオーブンシートを取り、ケーキクーラーなどにのせて冷ます。好みでクリーム(p.91)を添えて食す。

ダンディーケーキ   Dundee Cake

マーマレードの街として有名な、スコットランド・ダンディー生まれのケーキ。ダンディー
名物のセヴィルオレンジと糖蜜を使用したヴィンテージタイプのマーマレードが好物で、
このタイプが手に入ると、贅沢にたっぷりと使って焼きたくなるのがこのケーキです。
本来のスタイルは、皮をむいたアーモンドを上部に放射状に並べますが、私はマーマレー
ドを味わい尽くしたくて、上にもたっぷりと塗っています。マーマレード、オレンジピール
にカランツ、ほのかに香るスパイスを入れた、しっとりとしたバター生地。ヴィンテー
ジタイプのマーマレードを見つけたら、ぜひこのとっておきのケーキを試してほしいです。
熱い紅茶に合うのは言わずもがなです。

材料 (直径18cmの丸型 1 台分)

バター(食塩不使用)   150g
きび砂糖   100g
全卵   3個
マーマレード   100g
カランツ   30g
オレンジピール   50g

A 薄力粉 170g
　アーモンドプードル   30g
　ベーキングパウダー   5g
　シナモンパウダー   2 g
牛乳 大さじ 2

マーマレード(塗る用) 100g

下準備

• 卵とバターは常温に戻しておく
• 型にオーブンシートを敷いておく
• オーブンは170度に温めておく

1　ボウルにバターを入れ、ハンドミキサーか泡立て器でクリーム状になるまでよく
撹拌する。きび砂糖をふるい入れて、ふわっと薄いベージュ色になるまでよく混ぜ合せる。

2　1に溶きほぐした卵を少しずつ加え、その都度分離しないように、全体がクリー
ム状になるまでよく混ぜ合わせる。

3　2に、マーマレード、カランツ、オレンジピールを加えてよく混ぜ合わせる。Aを
ふるい入れ、ゴムべらで底から返すようにしながら八分通り混ぜる。さらに牛乳を加え、
全体がなめらかなクリーム状になるように、つやが出るまでよく混ぜ合わせる。

4　型に生地を流し入れて上面をならし、型ごと数度落として空気を抜く。170度に温
めたオーブンで50〜60分ほど焼く(途中で上部が焦げるようなら、アルミホイルをか
ぶせる)。生地に竹串などをさして、何もついてこなければ焼き上がり。熱いうちに型
から取り出してオーブンシートを取り、ケーキクーラーなどにのせて冷ます。

5　完全に冷めたら、マーマレードを上部全体に塗る。

Sour Cream Hot Biscuits

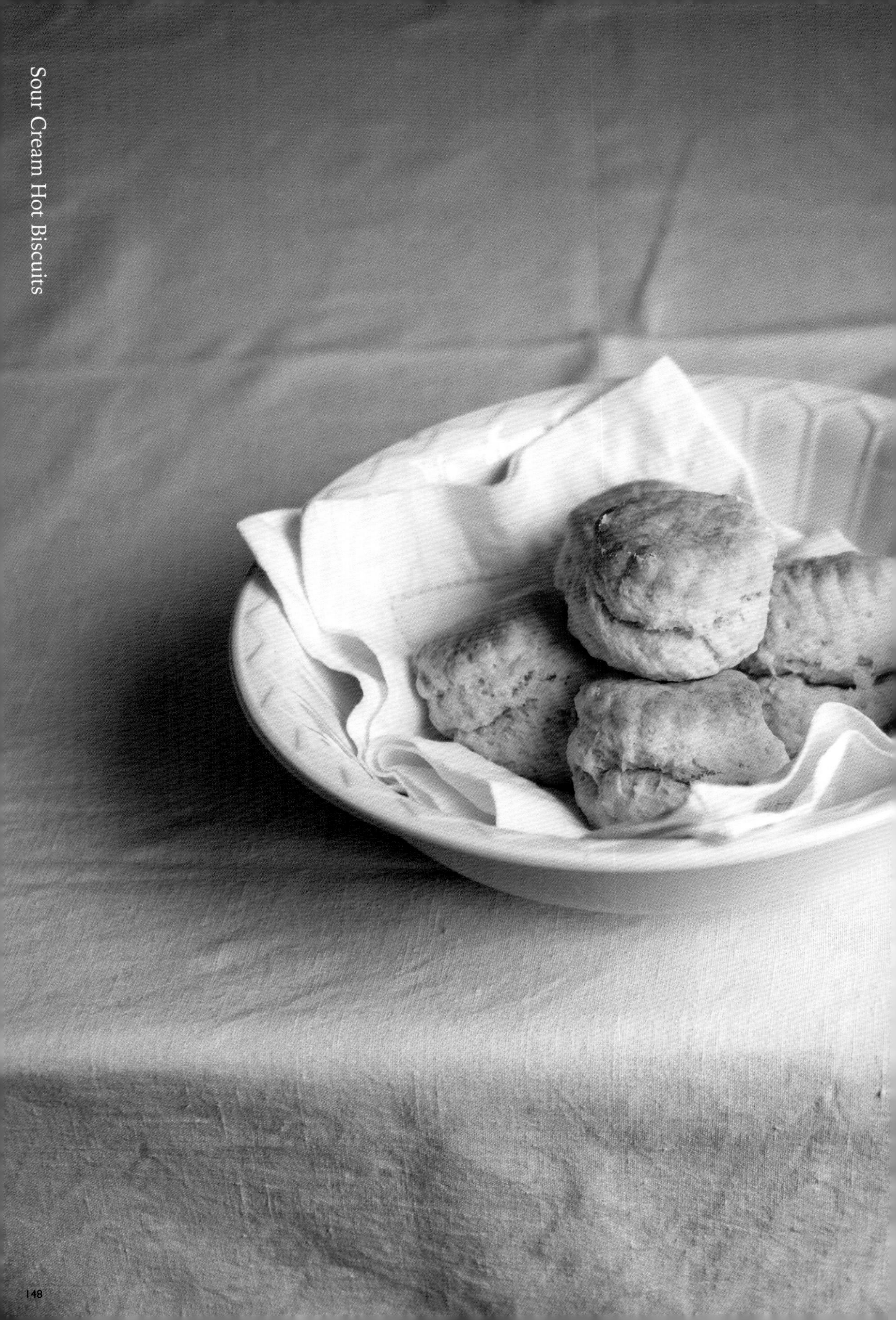

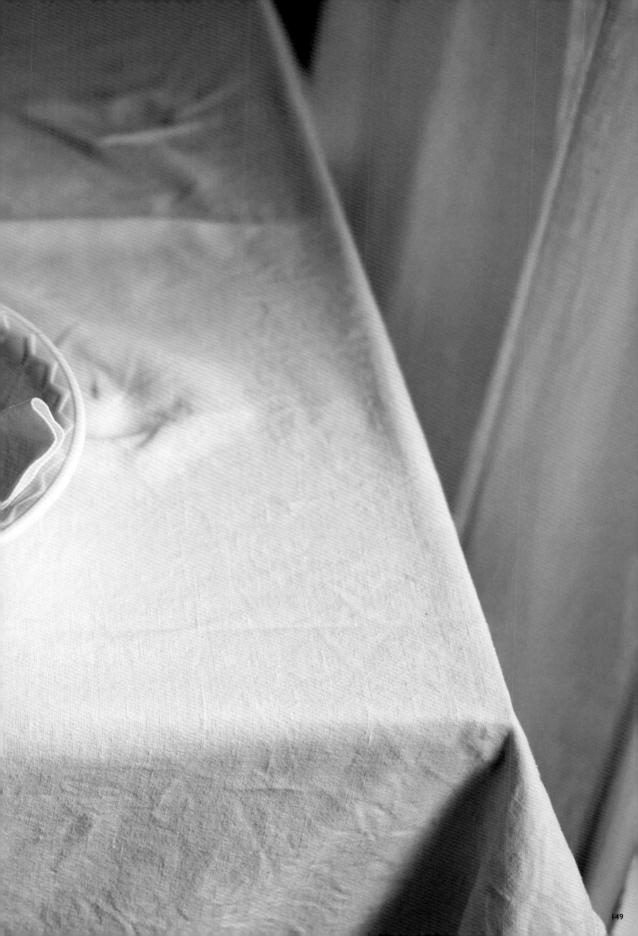

サワークリームホットビスケット　Sour Cream Hot Biscuits

ホットビスケットとは、北米で作られている粉ものの呼称で、南部を中心にたくさんのレシピがあります。バターを切りこんだ生地で作る北米のビスケットではなく、サワークリームを使用して、油脂と液体を混ぜたものに粉類を混ぜていくという、思い立ってすぐに作れるのが、わが家のレシピです。サワークリームの豊かな乳の香りが立ち、さっくりとしつつも中の生地はふんわりと焼き上がります。慣れてくると焼成時間を入れても30分ほどで焼きたてが味わえるので、朝食にぴったり。有塩バターとはちみつをたっぷり添えるのが、わが家では定番です。

材料(直径5.5cmの菊型約7個分)

サワークリーム	90ml(1パック分)
きび砂糖	20g
牛乳	100ml
バター(食塩不使用)	50g
薄力粉	250g
ベーキングパウダー	7g
塩	1g

下準備

• バターは湯せんか電子レンジで溶かしておく
• 天板にオーブンシートを敷いておく
• オーブンは180度に温めておく

1　ボウルにサワークリームを入れて、泡立て器で数回混ぜてなめらかにする。きび砂糖をふるい入れ、ざっと混ぜたら、牛乳を2回に分けて入れ、全体がなめらかになるまで混ぜる。さらに、溶かしておいたバターを一度に加え、バターの筋が見えなくなるまでよく混ぜ合わせる。

2　1に、薄力粉、ベーキングパウダー、塩をふるい入れる。ゴムべらで全体を大きく混ぜ合わせる。ひとまとまりになったら、打ち粉(分量外)をした台に生地を移し、表面だけがなめらかになるように、練り過ぎないように気をつけながら練る。

3　めん棒などで、厚さ2.5cmほどにのばし、粉(分量外)をつけた抜き型で約7個抜く。残りの生地は、同じくらいの大きさにまとめる。オーブンシートを敷いた天板に並べ、180度に温めておいたオーブンで15〜18分くらい焼き上げる。

シナモンバンズ   Cinnamon Buns

<u>材料</u>(好みの量)
サワークリームホットビスケットの生地(p.151)

シナモンシュガー(作りやすい量):
    グラニュー糖　　　25g
    きび砂糖　　　　　10g
    シナモンパウダー　小さじ1

フィリング用:
    バター　好みの量

ミルクアイシング(作りやすい量):
    粉糖　　　　100g
    牛乳　　　　小さじ3

<u>下準備</u>
- バターは湯せんか電子レンジで溶かしておく
- 天板にオーブンシートを敷いておく
- オーブンは180度に温めておく

1　シナモンシュガーの材料をすべて合わせておく。

2　生地をめん棒などで、厚さ5mmほどにのばし、全体にシナモンシュガーをふり、バターをちぎって散らすように好きなだけのせる。端から巻いて、巻き終わりを下にして、7等分にナイフで切る。渦巻きを上面にし、マフィンカップにグラシンケースを入れて、ひとつずつ生地を入れる。もしくは、四角か丸型の20cm以上の大きい型に隙間があるように入れてもいい。

3　生地を天板に並べ、180度に温めておいたオーブンで15〜18分くらい焼く。焼き上がったら取り出して冷ましておく。

4　アイシングを作る。ボウルにふるった粉糖を入れ、牛乳を少しずつ加えてよく混ぜ合わせる(少しかたいかな、と思うくらいが上部にとどまる)。冷ましたシナモンバンズにスプーンでアイシングをのせて、自然にかたまるのを待つ。

サワークリームホットビスケットの生地で作る、菓子生地タイプのシナモンバンズです。イーストを発酵させて作るタイプではないので、材料さえあれば、思い立ったらすぐに作れます。

私は、サワークリームホットビスケットを作った残り生地で小さいシナモンバンズを作って、焼きたてを頬張るのが常。お好きな方は、生地全量を使ってたっぷりどうぞ。粗熱が取れたところでミルクアイシングをかけていますが、プレーンのまま焼きたてをいただくのもおすすめです。

Savory and Tea
for
Winter

パン・デピス
レバーパテ
中国　正山小種

パン・デピス　Pain d'épices

生姜の風味を感じられるように、すりおろした生姜を加えたパン・デピス。
フランスに旅した時にはどこかのお店や市場でひとつは買って帰ります。みっちりとした食感とスパイスの香り、薄く切ってたっぷりのお茶と一緒にいただきます。脂肪分が入ったリッチなタイプと入っていないあっさりとしたタイプとあり、よく作るのは後者の方です。
薄く切ったパン・デピスに、たっぷりのバター、乳脂肪分の高いチーズやレバーペーストと一緒に食べるのが好物で、はちみつが入っているため日持ちもするので最後の一切れまで少しずつ食べて楽しんでいます。このレシピはバターやチーズと一緒に楽しめるようにあっさりとした甘さになっていますので、もう少ししっとりとした甘さがお好みでしたら、きび砂糖50gを粉類に足して、作ってみてください。

材料 (直径22cmのパウンド型１台分)

はちみつ　　100g
牛乳　　　　150ml
生姜(すりおろす)　　10g

A
薄力粉　180g
　シナモンパウダー　　　3g
　ジンジャーパウダー　　3g
　クローブパウダー　　　少々
　ナツメグパウダー　　　少々
　ベーキングパウダー　　3g
　ベーキングソーダ　　　3g

下準備

・型にオーブンシートを敷いておく

1　小鍋にはちみつと牛乳を入れて中火で温める。はちみつが溶けたら火から下ろして冷ます。冷めたら、すりおろした生姜を加えてよく混ぜ合わせる。

2　ボウルにAをふるい入れる。そこに1を加え、泡立て器で粉っぽさがなくなるまでよく混ぜる。常温で1時間休ませる。オーブンは170度に温める。

3　2の生地を型に流し入れて、上面をならし、型ごと数度落として空気を抜く。温めたオーブンで40〜45分ほど焼く。生地に竹串などをさして、何もついてこなければ焼き上がり。型からはずしてオーブンシートを取り、ケーキクーラーなどにのせて冷ます。生地が落ち着いてくる２日目以降が食べ頃。

レバーパテ   Pâté de foies de volaille

大好物のレバーパテにバルサミコ酢を加えて作り、たっぷりと食べられるように仕上げています。レバーパテと一緒に食すのは、バター、季節のジャム、コルニッション、野菜のマリネ、ドライフルーツなど。これを自分の皿の中で構成し、口に運びます。そこに合わせるのは、松の葉で燻製した特徴的な香りの濃くいれたお茶。お茶と共に過ごす夜にはとっておきの組み合わせです。

材料(作りやすい量)

鶏レバー(処理済)	正味300g	フレッシュタイム	2枝
玉ねぎ	1個	ローリエ	1枚
にんにく	1片	塩	小さじ1
バター	大さじ2	黒こしょう	適量
オリーブオイル	大さじ2		
赤ワイン	大さじ2	バター(食塩不使用)	60g
バルサミコ酢	大さじ2		

下準備
• バターは常温に戻しておく

1 鶏レバーは、脂肪と筋を取り除き、半分に切って血の塊があったら包丁でこそげ取る。冷水で数度洗い流し、牛乳(分量外)に30分以上浸けておく。再度、冷水で数回洗い流す。

2 フライパンに皮をむいてみじん切りにしたにんにく、バター、オリーブオイルを入れて中火にかけて、にんにくから香りが出たら、薄切りにした玉ねぎを加えて全体が透明になるまで炒め、一度取り出しておく。

3 2のフライパンにレバーを入れて、両面が香ばしくなるまで炒める。レバーから濁った汁が出なくなったら、2を戻し入れて、赤ワイン、バルサミコ酢、枝から葉をしごきとったタイム、ローリエを加えて水分が少し残るくらいまで炒める。塩、こしょうで味を調える。水分がなくなると出来上がりがかたくなるので、少し水分が残るようにする。

4 粗熱が取れたらローリエを取り除き、温かいうちにフードプロセッサーに3を入れて撹拌する。八分ほど撹拌したら、常温に戻しておいたバターを加え、なめらかになるまで撹拌する。清潔な保存容器に移して、常温になったら冷蔵庫で冷やしかためる。一晩ほどおいてからが食べ頃で、1週間ほど保存可能。

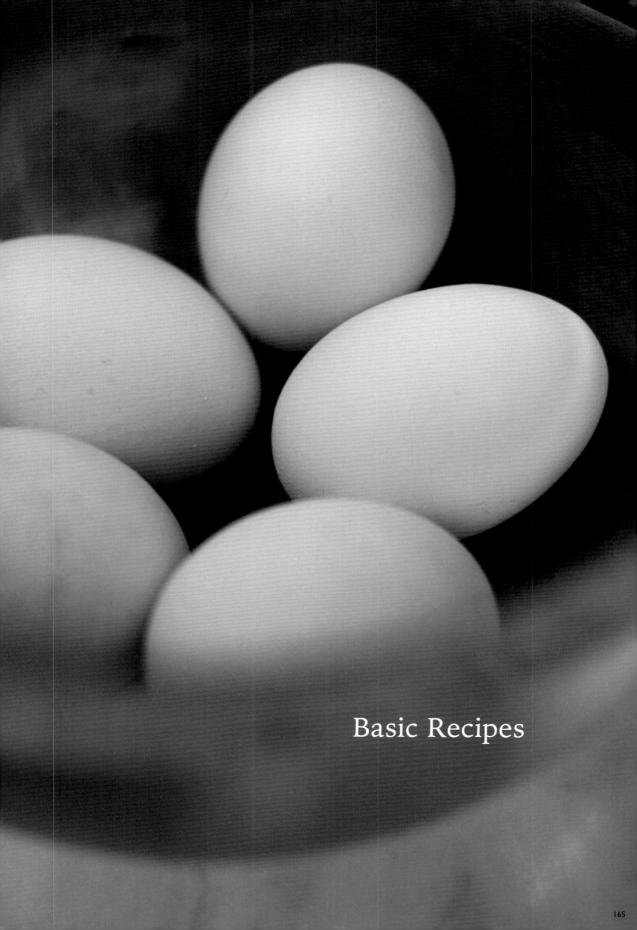

Basic Recipes

スコーン生地

材料（直径5.5cmの丸型10〜12個分）

薄力粉	400g
ベーキングパウダー	13g
バター	120g

（食塩不使用バターの場合は、120gに対して塩1.5gを入れる）

きび砂糖	30g
無糖ヨーグルト	150g
牛乳	120g

下準備

・バターはさいの目に切って、冷蔵庫で冷やしておく
・きび砂糖をふるっておく

1
フードプロセッサーに、薄力粉、ベーキングパウダーを入れて、数秒撹拌して空気を入れる。

2
冷やしておいたバターを加え、生地の様子を見ながら撹拌する。

3
手で触って砂状になるまで撹拌する。

4
ふるったきび砂糖を加え、ざっと撹拌する。

5
砂状の生地をボウルに移す。

6
別の容器にヨーグルトを入れ、牛乳を加えてよく混ぜてから、生地に加える。

※フードプロセッサーがない場合は、ボウルに薄力粉とベーキングパウダーをふるいながら入れて、冷えたバターを加え、ナイフやスケッパーで刻む。粒が小さくなってきたら、砂状になるまで手ですり合わせる。

7

水分を吸っていないさらさらの粉がな
くなるまで、フォークで全体を大きく
混ぜ合わせる。

8

手でさっくりとひとまとまりにする。

9

打ち粉(分量外)をした台に生地を移し、
表面だけがなめらかになるように、練
り過ぎないように気をつけながら練る。

10

めん棒で、厚さ3cmほどにのばす。

11

粉(分量外)をつけた抜き型で約10個抜
く。残りの生地は同じくらいの大きさ
にまとめる。

12

オーブンシートを敷いた天板に並べ、
180度に温めたオーブンで20分ほど焼
き上げる。

バターケーキの生地

材料（直径18cmの丸型1台分）

バター（食塩不使用）	150g
きび砂糖	150g
全卵	3個
薄力粉	200g
ベーキングパウダー	5g
牛乳	大さじ3

下準備

・卵は常温に戻しておく
・バターを常温に戻し、
指ですっと押せるくらいのやわらかさにする
・型にオーブンシートを敷いておく

1
大きなボウルにバターを入れ、ハンドミキサーか泡立て器でクリーム状になるまで混ぜる。

2
きび砂糖をふるい入れる。

3
ベージュ色にふわっとするまでよく混ぜる。

4
溶きほぐした卵を少しずつ加え、その都度分離しないように混ぜる。

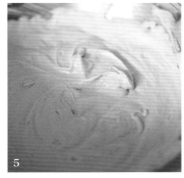

5
全体がクリーム状になるまで、よく混ぜ合わせる。

6
薄力粉とベーキングパウダーを合わせてふるい入れる。

7

ゴムべらで底から返すようにして八分
通り混ぜ合わせる。

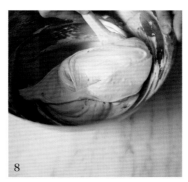

8

牛乳を加えて全体がなめらかなクリー
ム状になるように混ぜる。

9

つやが出るまでよく混ぜ合わせる。
※果実を加える場合はここで加え、
さっと混ぜ合わせる。

10

準備した型に生地を流し入れる。

11

上面をゴムべらでならし、型ごと数度
落として空気を抜く。

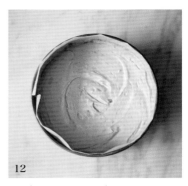

12

170度に温めたオーブンで40〜50分ほ
ど焼く。生地に竹串などをさして、何
もついてこなければ焼き上がり。熱い
うちに型からはずしてオーブンシート
を取り、ケーキクーラーなどにのせて
冷ます。

溶かしバターケーキの生地

材料（直径18cmの丸型 1 台分）

全卵	3 個
粉糖	120g
牛乳	大さじ 2
アーモンドプードル	100g
薄力粉	100g
ベーキングパウダー	3g
バター（食塩不使用）	100g

下準備

・卵は室温に戻しておく
・バターを適当な大きさに切り、湯せんか電子レンジで溶かし、
溶かしバターは温かい状態にしておく
・型にオーブンシートを敷いておく

1

大きなボウルに、卵を割り入れ、泡立
て器ですり混ぜるように溶きほぐす。

2

粉糖をふるい入れる。

3

泡立て器でよくすり混ぜる。

4

粉糖がよく溶けたら、牛乳を加えて、
よく混ぜる。

5

アーモンドプードルをふるいながら
加え、泡立て器ですり混ぜる。

6

薄力粉とベーキングパウダーをふるい
ながら加え、すり混ぜる。

7

粉っぽさがなくなるまで、よくすり混ぜる。

8

温かさがある溶かしバターを3回に分けて入れる。

9

その都度よくすり混ぜる。

10

バターの筋が見えなくなったら、型に流し入れる。

11

型ごと2,3度落として空気を抜く。

12

170度に温めたオーブンで50〜60分ほど焼く。生地に竹串などをさして、何もついてこなければ焼き上がり。熱いうちに型からはずしてオーブンシートを取り、ケーキクーラーなどにのせて冷ます。

季節のベリージャム

材料 (作りやすい量)

冷凍ラズベリー　　300g
季節の果実 ※　　　正味200g
きび砂糖　　　　　200g (果実の40%)
バニラビーンズ　　1/3本

※写真はプラムを使用。
好みなのは洋梨やりんご。
りんごは赤い花びらのように果肉が染まり、
美しいジャムになる。

1

季節の果実は種を取り、一口大に切っ
ておく

2

鍋に1と冷凍ラズベリー、きび砂糖を
加えて全体をよく混ぜ、1〜2時間そ
のままおく。

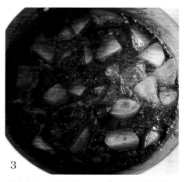

3

果実から水分がしっかり出たら強火に
かけ、沸いたらアクをとる。

4

火から下ろし、バニラビーンズのさや
から種を取り出し、両方加える。

5

弱めの強火で、木べらで混ぜながら底
が焦げないように煮る。

6

2/3量ほどに煮詰まったら出来上がり。
清潔な保存瓶に移し、9分目まで入れ
てふたをし、逆さにして冷ます。冷蔵庫
で3カ月ほど保存可能 (開封したら、早
めに食べ切る)。

材料と道具について

材料について

粉類
●薄力粉

粉菓子にした時に粉の味わいがよい、北海道の「ファリーヌ」を使用しています。開封したら冷蔵庫で保存し、早めに使い切ります。

●アーモンドプードル

しっとりとコクがある菓子や香ばしさを出す菓子に使用します。香りの穏やかなアメリカ産を使っています。酸化しやすいので冷蔵庫で保存しています。

●コーンスターチ

トウモロコシを原料とするでん粉で、とろみをつけたり、サクッとさせたい時に使用します。密閉容器に入れて保存すると、湿気を防げます。

●ベーキングパウダー

生地を膨らませる際に使われる膨張剤です。アルミニウムフリーのタイプを使用し、時間が経つと膨張率が悪くなるので、早めに使い切るようにしています。冷蔵庫で保存します。

●ドライイースト

インスタントドライイーストを使用しています。生地の膨張率が下がりづらいので、3gの個包装タイプがおすすめです。開封後はできるだけ空気に触れないようにして、冷蔵庫で保存し、早く使い切ります。

卵

卵はMサイズ(正味50g)を使用しています。新鮮な卵を使用すると、生地の膨張率がよくなります。卵は水分で、バターなどの油分とは混ざりにくいため、バターケーキで使用する際の「常温に戻す」や、卵白を泡立てる時には冷蔵庫から出したての冷えた状態で使用するなど、使用する際の温度に気をつけてください。

牛乳・豆乳・クリームなど
●牛乳

成分無調整の、低温殺菌のものを使用しています。新鮮なものを使用してください。

●豆乳

成分無調整のものを使用しています。豆腐が作れるような濃いタイプよりも、さらっとしているタイプの方がお菓子には合うと思います。

●生クリーム

乳脂肪が45％以上のものを使用しています。低いと泡立ちにくくなりますし、風味の濃さも違ってきます。

●サワークリーム

フレッシュクリームに乳酸菌を加えて発酵させた、軽い酸味の発酵クリームです。原材料を確認して、「乳製品」のみで作られているものを使用してください。

バター(食塩使用・食塩不使用)

お菓子を作るときには、主に食塩不使用のタイプを使用します。酸化しやすいので、しっかりとラップとアルミホイルで包み、冷凍庫用の保存袋に入れて、冷凍庫で保存します。
食塩使用のバターは、塩分が大体1.5％加えられています。

砂糖

● きび砂糖
さとうきびの糖液を煮詰めて作った、精製度の低い薄茶色の砂糖です。少し香ばしいような香りがあり、焼き菓子に合うので、私はほとんどの菓子に使用しています。粒が残っているので、必ずふるって使用してください。

● 粉糖
グラニュー糖を粉状に挽いて作られる、細かい粉末の砂糖です。サクッとした食感で、きめの細かい生地に仕上げたい場合に使用しています。また、アイシングにも使用しています。

塩
仏・ブルターニュ産の塩を使用しています。味わいのある、好みの自然塩を使用してください。

酒
お菓子に用いる代表的な2つ、ラム酒とブランデーを使用しています。風味づけなので、香りのしっかりとしたものを使用してください。

チョコレート
製菓用のカカオ分55%のクーベルチュールチョコレートを使用しています。各メーカーで香りやカカオ含有率が違い、いろいろな種類があります。割合が高いほどよいという訳ではないので、ミルク、スィート、ビター、自分のお好みのクーベルチュールチョコレートを使用してください。

ドライフルーツ
オイルコートなしのものを使用しています。オイルコートがしてある場合は、酸化や匂いがあるので、お湯で洗ってから使用するとよいです。

バニラビーンズ
天然香料のバニラビーンズがおすすめです。さやの中にある種を主に使用し、香りが強いのでジャムにはさやも使用しています。天然だからこそ芳しい香りがするので、バニラエッセンスなどで代用はしないでください。

スパイス（シナモン、カルダモン、クローブ、アニスなど）
パウダー状のものを使用しています。開封後は香りが飛びやすいので小さいパッケージで購入して、早く使い切ります。菓子用のミックススパイスを使用してもよいですし、シナモンパウダーだけでも異国の菓子のような香りがしますので、好みで加えてください。

ジャム（市販の場合）
市販のものがたくさんありますので、普段から愛用なさっているお好みのものを使用してください。

果物
果実は旬のものを使ってください。盛りのものは甘味もしっかりとして味のバランスも形もほどよく大きくなってきます。ケーキ生地は同じでも、季節の果実を加えることで季節の菓子になります。

道具について

計量

電子スケールを使用しています。できれば微量0.1g単位で計れるタイプだと、安心して計量できます。

液体は計量カップを使用しています。

ボウル

直径23cmと27cmのステンレス製ボウルを使用しています。

ケーキ生地を混ぜる際に粉類が飛ばず、大きい動きで混ぜ合わせられるので、このくらいの大きさのものが向いています。

クリームを泡立てる時は、ステンレス破片が入らないように、ガラス製ボウルを使用しています。

粉ふるい

かたまっているものを避けたり粉類に空気を入れたり、生地をこす際に使用しています。ある程度の大きさの方が作業しやすいです。

ハンドミキサー

泡立てたり、空気を入れたりする作業が短時間でできます。菓子作りを日常に取り入れたいなら、あると便利です。

購入する時には、ビーターという羽根部分の先端がバルーン状になっているものがおすすめです。先が細くなっているタイプは泡立ちにくく、時間もかかります。

フードプロセッサー

粉類にバターを手早く切りこんだり、練らずに生地を混ぜ合わせたりして、生地をさっくりと仕上げたい時に使用しています。

粉類にバターを切りこむ作業は、手でやると時間がかかりますが、フードプロセッサーでやると一瞬でできます。一般のご家庭だと、あまり大きいと出し入れが億劫になるので、手ごろな大きさのものが使いやすいと思います。

泡立て器・へら・ゴムべら

手になじみ、ボウルの大きさに対して使いやすい長さが作業しやすいです。私は、長さ27cm、30cmのものを使用しています。

スケッパー・カード

生地をボウルからきれいに移したり、生地を切ったり、粉類にバターを切りこんだりするときに、ひとつあると便利です。

焼き型・抜き型

お好みものを使用してください。

レシピには目安として大きさや型などを明記していますが、家にあるものでいいと思います。

ケーキ型は直径18cmの丸型を使用しているレシピが多いです。

私は、ケーキならば、日毎の変化を数日楽しみたいのと、どなたかにプレゼントするのを見越して、少し大きめの型で作ることが多いです。もうすこし小さめがよい方は、レシピの分量をすべて半量にして、直径15cmの型で焼いてください。

ケーキ生地は膨らみますので、生地量を型の大体7〜8分目にしておいて、残りの生地は、マフィン型などに入れて焼いてください。果実が入ったりすると溢れやすくなりますが、何度か作ると、ご自分の家の型で焼く分量がわかってきます。

絞り出し袋・口金

絞り出し袋は使い捨てのタイプで、口金は星形の８切サイズ７（#7：外径φ23×H35mm）を使用しています。

作業台・めん棒

作業台は整理整頓して、使いやすいようにします。
スムーズに作るには、ある程度の広さが必要ですし、片付いていれば目に入る情報が整理されます。ベーキング用の専用の台でなくても、ステンレスキッチンの上や大きめのまな板でも大丈夫です。
めん棒は好みの大きさを使用してください。

オーブン

家庭用電気オーブンを使用しています。
レシピには、目安としての時間と温度を表示していますが、あくまでもわが家のオーブンの場合です。大事なことは、まずご自宅のオーブンのクセを把握することです。上火が強いタイプ、下火が強いタイプ、設定温度より強め、弱めなど、それぞれのオーブンの特徴があります。
コンベクションオーブンの場合は、風が片方によっているなどのクセを把握して、調整してください。
ガスオーブンの場合は、火もコンベクションも強めなので、設定温度は低め、時間は短めに考えて、様子を見てください。

オーブンシート

ケーキ型には使い捨てのオーブンシートを使用しています。きれいに型からはずれるのと生地の湿度が保たれやすいです。
スコーンやサブレを焼く際には、繰り返し使用できるオーブンシートを使っています。

内田真美　Mami Uchida

料理研究家。長崎県生まれ。書籍や雑誌、広告など、幅広いシーンでレシピ
を提案する。著書に『洋風料理　私のルール』『私的台湾食記帖』(アノニマ・
スタジオ) などがある。

写　　真　森本美絵
デザイン　黒田益朗
編　　集　村上妃佐子 (アノニマ・スタジオ)

製版設計　栗原哲朗 (図書印刷)
印刷進行　藤川周子 (図書印刷)

Special Thanks
武内由佳理

お茶
TEALABO.t　tealabo.net
出野尚子 chanowa
https://www.instagram.com/chanowanaoko/

アノニマ・スタジオは、
風や光のささやきに耳をすまし、
暮らしの中の小さな発見を大切にひろい集め、
日々ささやかなよろこびを見つける人と一緒に
本を作ってゆくスタジオです。
遠くに住む友人から届いた手紙のように、
何度も手にとって読み返したくなる本、
その本があるだけで、
自分の部屋があたたかく輝いて思えるような本を。

私の家庭菓子
2021年2月27日　初版第1刷発行

著　　者　内田真美
発行人　前田哲次
編集人　谷口博文

アノニマ・スタジオ
〒 111-0051 東京都台東区蔵前 2-14-14 2F
TEL.03-6699-1064　FAX.03-6699-1070

発　　行　KTC 中央出版
〒 111-0051 東京都台東区蔵前 2-14-14 2F

印　　刷　図書印刷株式会社